CYMRY'R GYFRAITH, AMERICA A'R BYD

CYMDEITHAS HANES CYFRAITH CYMRU

THE WELSH LEGAL HISTORY SOCIETY

Cyfrol XIII : Volume XIII

CYMRY'R GYFRAITH, AMERICA A'R BYD

Welsh Contributions to the Law in America and the Wider World

Edited by

Thomas Glyn Watkin
Honorary Professor of Law
Bangor and Cardiff Universities

BANGOR
CYMDEITHAS HANES CYFRAITH CYMRU
THE WELSH LEGAL HISTORY SOCIETY
2013

Cyhoeddwyd gan
CYMDEITHAS HANES CYFRAITH CYMRU

Published by
THE WELSH LEGAL HISTORY SOCIETY

British Library Cataloguing in Publication Data. A catalogue record for this book is available from the British Library

ISBN 978-0-9926369-2-0

Printed in Wales by Infographics, Ltd., Cowbridge

Distributed by

Cymdeithas Hanes Cyfraith Cymru
Ysgol y Gyfraith, Prifysgol Bangor, Bangor, LL57 2DG.

The Welsh Legal History Society
Bangor Law School, Bangor University, Bangor, LL57 2DG.

CONTENTS

LIST OF CONTRIBUTORS

Gareth L. Howell is an adviser to the World Bank and the United States government on international development. An honours law graduate of the University of Wales, Aberystwyth, he is a former President of the St David's Welsh Society of Washington DC, and formerly a UK magistrate and Permanent Representative of the International Labour Organization at United Nations headquarters in New York.

Christopher A. Snyder is Professor of History and Dean of the Shackouls Honors College at Mississippi State University.

Thomas Glyn Watkin is Literary Director of the Welsh Legal History Society and an honorary Professor of Law at Bangor and Cardiff Universities.

Margaret Hughes West, formerly a producer and editor with NPR (National Public Radio), is an independent radio and television producer in Washington, DC.

ACKNOWLEDGEMENTS

The Contributors gratefully acknowledge the kind permission and courtesy of the following in allowing the texts of the lectures and the illustrations listed below to be reproduced in their respective contributions to this volume:

Am/For ***Cyfreithwyr Cymru a'r Byd***

Undeb Cymru a'r Byd

Yr Oriel Bortreadau Genedlaethol, Llundain	Figure 1
Coleg yr Iesu, Rhydychen	Figure 2
Vanity Fair	Figure 3
Yr Oriel Bortreadau Genedlaethol, Llundain	Figure 4
Eglwys y Santes Fair, Y Fenni	Figure 5
Eglwys Sant Ioan Fedyddiwr, Caerdydd	Figure 6
Eglwys San Gregorio Magno al Celio, Rhufain	Figure 7
Yr Iarll Spencer	Figure 8
Yr Oriel Bortreadau Genedlaethol, Llundain	Figure 9
Prifysgol Columbia, Efrog Newydd	Figure 10

For ***Richard Price and his Turbulent Times***

Garw Valley Heritage Society	Figure 1
Fin Fahey	Figure 2
The National Portrait Gallery, London	Figure 3
New York Public Library	Figure 4
Metropolitan Museum of Art, New York	Figure 5
Museum of Art, Philadelphia	Figure 6

For ***How Two US Supreme Court Justices of Welsh Descent safeguarded the Court and the US Constitution in 1937***

Courtesy of the US Supreme Court	Figure 1
Private Collection of Owen Roberts Hamilton	Figure 2
Library of Congress Prints and Photographs	Figure 3
Courtesy of the US Supreme Court	Figure 4
Library of Congress Prints and Photographs	Figure 5

PREFACE

THE Welsh Legal History Society has, from its inception, enjoyed the support of members from countries outside of the United Kingdom. Among these, there has always been support from North America and, in particular, from the United States. Such members have, in the main, been individuals rather than corporate bodies. It has been the wish of the Society for some time to expand that membership, both in terms of the number of individual members and by attracting corporate members, such as the libraries of American universities, to join.

A promising opportunity presented itself in the aftermath of the All Wales Convention. The Convention had been established to enquire into whether a referendum in accordance with the provisions of the Government of Wales Act 2006 would be likely to deliver a 'Yes' vote on moving to the fuller model of legislative competence for the National Assembly for Wales offered under Part 4 and Schedule 7 of that Act. The Convention was set up by the then First Minister of Wales, the Right Honourable Rhodri Morgan AM, and he had invited the former United Kingdom ambassador to the United Nations, Sir Emyr Jones Parry, to chair the Convention. As a consequence of his then work as First Legislative Counsel to the Welsh Government, the editor found himself working from time to time with Sir Emyr.

Although they had not previously met, Sir Emyr was known to the editor. Following his appointment to the United Nations, Sir Emyr had appeared on an edition of the Welsh-language, hymn-singing programme, *Dechrau Canu, Dechrau Canmol*. The edition in question focussed on the Welsh community in the United States, a community which might offer a route to increasing the number of American members of the Welsh Legal History Society. When the Convention had completed its work and the editor had retired from his position with the government, he asked Sir Emyr whether he could recommend someone from the Welsh community in the United States who would make a suitable link for the Society with that community. Without any hesitation, Sir Emyr recommended Mr. Gareth Howell, an adviser to the American government and the World Bank.

As a consequence of that recommendation, the editor contacted Mr. Howell and arranged to meet him when he was visiting the United

Kingdom. They duly met in Cardiff, and Mr. Howell kindly agreed to become the North America Secretary of the Society. He also suggested that it would be a good idea for the editor to promote the work of the Society by presenting some lectures on the legal history of Wales at a future meeting of the annual North American Festival of Wales. Arrangements were made and the editor duly gave the suggested lectures at the 2011 Festival in Cleveland, Ohio. Prior to going to Cleveland for the festival, Mr. Howell introduced the editor to members of the Washington D.C. St David's Welsh Society, to whom he was also able to make a presentation regarding the Society's work and publications.

Both events elicited a deal of interest from the expatriate Welsh community, and new members were recruited. Welcome as this was and is, there were however no additional corporate members. It was noted that, although the Society's publications were regularly deposited in the major copyright libraries in the British Isles, no copies were held at that time by the Library of Congress in Washington. It was decided to remedy this situation. Rather than invite the Library of Congress to purchase the Society's existing publications, it was decided that it would be mutually beneficial to present the Library with a complete set of the volumes published to date as a gesture of good will and as an indication of the importance attached by the Society to its work being available in the world's largest library.

The interest of the new North American members was not however limited to joining the Society. Very quickly, some of them indicated a wish to contribute to the Society's work by submitting essays for publication. It was also therefore decided to mark the advent of a distinct American dimension to the Society's work by producing a volume of essays focussing on the contribution of lawyers from Wales or of Welsh descent to the development of the law in the United States and on the international scene more generally. The current volume is the fruit of that decision, and its content reflects the history of its production.

When the editor visited Washington ahead of the 2011 North American Festival of Wales, it had been mooted that he should meet Professor Christopher Snyder of Marymount University in the city and participate in a seminar at the university. Unfortunately for that plan, Professor Snyder moved to a chair at Mississippi State University shortly before the editor's visit, so that the proposed seminar never took place. Professor Snyder, however, hearing of this projected volume, generously offered to contribute a paper to it, which paper is the volume's opening essay, a study which illustrates that Welsh contributions to legal development extended beyond these islands from the earliest recorded times of Wales' history. The Society is grateful to Professor Snyder for his contribution.

While at the North American Festival of Wales, the editor met Mr. Edward Morus-Jones who was representing *Undeb Cymru a'r Byd* at the event. Mr. Morus-Jones invited the editor to deliver the annual lecture of *Undeb Cymru a'r Byd* at the National Eisteddfod the following year in the Vale of Glamorgan. The editor was pleased to accept, and chose as his theme Welsh contributions to legal developments on an international level. He is grateful to *Undeb Cymru a'r Byd* and Mr. Morus-Jones for the invitation to deliver that lecture and for allowing it to be published, together with an English version of it, as the second and third contributions to this volume. The lecture emphasized the long-standing tradition among Welsh lawyers of practising within an international context, concluding with an anticipation of further research which was known to be in progress regarding particular contributions concerning the United States.

Those two further anticipated contributions are the very substantial fourth and fifth essays in this volume, both written by North American members. The North America Secretary himself, Mr. Gareth Howell, contributes an appreciation of the influence of Dr. Richard Price on political and legal developments at home and abroad in the closing years of the eighteenth century. It has, for some time, been ironic that Price is better remembered and more highly regarded in the United States and in mainland Europe than at home in Britain or even in his native Wales. In recent years, that sad situation has begun to be remedied and Mr. Howell's essay will certainly assist in that adjustment.

The volume closes with Mrs. Margaret West's account of the very significant part played by two U.S. Supreme Court justices of Welsh descent in resolving the constitutional crisis surrounding President Roosevelt's 'New Deal' legislation in the 1930s. This is the second contribution made by Mrs. West to the Society's publications, she having previously contributed an appreciation in the memorial volume for Professor Dafydd Jenkins. In researching the current paper, she has accessed previously unpublished papers of Justice Owen J. Roberts, and the Society therefore dares to hope that it may look forward to further contributions from her regarding the significance of his legal career and connections with Wales.

At the time of writing this Preface, the intention is to publish this volume later in the year and to launch it, ahead of publication, at an event in Washington in July when a full set of the Society's publications to date will be presented to the Library of Congress. It is hoped that this event will mark both the bringing to fruition of the Society's North American partnership in the production of this volume and also the beginning of a new chapter in the Society's work as its labours come to the attention of a wider scholarly community. The Society is deeply grateful to Mr. Gareth Howell for organizing the presentation, and to Dr. Janice Hyde, Director of the Global Legal Collection of the Law Library of Congress, for an invitation to lecture on 'Devolution and the Law in Modern Wales' to the Library's law staff and invited guests following the presentation. Thanks are also due to the Washington St. David's Welsh Society and the Supreme Court Historical Society for their support. The Society is grateful as always for the professionalism and support of Mr. Liam Sullivan and the staff of Infographics Ltd., in the printing and production of this latest addition to the Society's list of publications.

Thomas Glyn Watkin
Cardiff
11 April 2016

THE EARLIEST WELSH LAWS?
Britons and the Early Medieval Celtic Penitentials[1]

Christopher A. Snyder

IN the European Middle Ages, penance was one of the most important means for the church to control its members as well as for the clergy to control the laity. This was due in large part to the widespread popularity of the penitential literature produced in the early medieval Celtic fringe. Scholarly attention has tended to focus on the Irish penitentials and on their important role in monastic discipline. The Celtic penitentials have thus been treated as important documents for church history, which indeed they are. However, these important historical documents speak more broadly to Celtic society in the early Middle Ages, offering a rich variety of evidence of the culture of Celtic-speaking peoples in the period *c.*AD 400–800. In the following essay I will argue for British, rather than Irish, origins of the penitentials and see what clues they may offer about the relationship between Britons and Irish in the early Middle Ages.

In the early years of Christianity, penance was a public and sacramental act, performed usually between Ash Wednesday and Holy Thursday. It was usually performed only once in a lifetime and had serious repercussions for the repentant sinner (e.g., giving up sex forever as well as clerical and military careers).[2] The new form of penance that developed around the year 500 was private, repeatable, and included less severe penalties. This development occurred in the monasteries of Britain and Ireland, which

---

[1] A version of this paper first appeared as "Britons and the Celtic Penitentials", delivered to the London Society for Medieval Studies, Institute for Historical Research, London, England, March 2002.

[2] For discussion of the Church's transition from public to private penance, see John T. McNeill, *The Celtic Penitentials and their Influence on Continental Christianity* (Paris: Librairie Ancienne Honoré Champion, 1923), passim; John T. McNeill and Helena M. Gamer, *Medieval Handbooks of Penance* (New York: Columbia University Press, 1938), pp. 3–22; R.C. Mortimer, *The Origins of Private Penance in the Western Church* (Oxford, 1939); Pierre J. Payer, *Sex and the Penitentials: The Development of a Sexual Code 550–1150* (Toronto: Univ. of Toronto Press, 1984), 7; and Finbarr G. Clancy, "The Irish Penitentials", (1988) 21 *Milltown Studies*, 87–109.

were then very mixed communities that included, in addition to celibate regular clergy, bishops, married priests and deacons, and lay members.[3] Thus the formal rules of penance written down by insular clerics after 500, which we call penitentials, came quickly to apply to both clergy and laity. As such they are our earliest written insular law codes.

These early penitentials contained advice to confessors, presumably the priests who would be applying the penalties detailed therein to the sinner. The description of the sins in these Celtic penitentials is often more detailed and interesting than that of the penalties. The most common sins are related to disobedience, food and drink, sex, and extravagance. Penalties range from fasting and prayer to corporal punishment and exile, though more common is advice on the length of the penance rather than description of the acts. In addition to these codices of sin and punishment, the body of penitential literature also includes various decrees on sin and proper liturgical practice issued by church synods held in Britain and Ireland.

Celtic penitentials remained popular throughout the British Isles for several centuries, and were joined eventually by Anglo-Saxon imitations.[4] Columbanus and other insular missionaries carried this penitential literature to the continent beginning in the late sixth century, and it became equally popular throughout the Frankish realms. In the ninth century, however, there was a growing hostility to penitential literature, which can be glimpsed in the decrees of several church councils as well as in diocesan statutes. This Carolingian attempt at exterminating the penitentials ultimately failed, however, and older Celtic penitentials continued to be copied and new penitentials written in the old style were produced as well.

Most scholars would agree that the formal codification of penance begins with the British Church in the late fifth or early sixth century. The works in this sub-group, however, are not universally recognized as penitentials in the technical sense, but rather more general epistles and synodal decrees dealing with the definition of specific sins and advice on penalizing these

---

[3] See the introduction and essays in John Blair and Richard Sharpe, eds., *Pastoral Care Before the Parish* (Leicester: Leicester Univ. Press, 1992).

[4] The corpus of Late Anglo-Saxon Penitentials was quite extensive: see Allen J. Frantzen, *The Literature of Penance in Anglo-Saxon England* (New Brunswick, NJ: Rutgers University Press, 1983); idem., *The Anglo-Saxon Penitentials: A Cultural Database* (http://www.anglo-saxon.net/penance/), accessed November 2012.

sins. However, I don't think the distinction is an important one, for there is a direct relationship between these early British works and some Irish penitentials (as we shall see), and there are also some later Irish works that closely resemble the early British examples and yet are commonly classified as penitentials.

The standard published edition of the Celtic penitentials is that of Ludwig Bieler, published in 1963, which contains the full Latin texts and accompanying English translations of fifteen works concerning penance.[5] The first work in this collection is known as the *First Synod of St. Patrick*, which Bieler believed to be the oldest surviving piece of penitential literature, dating it to the year 457.[6] This is a circular letter to the clergy of Ireland allegedly issued by Patrick and his assistants, the bishops Auxilius and Iserninus, which included canons on ecclesiastical discipline. Its depiction of widespread Irish monasticism, and references to the Roman tonsure, convince me that the *First Synod of St. Patrick* at the very least contains much later material and should not be assigned primacy.[7]

There are much stronger arguments in this regard for the penitential writings of Gildas. These consist of some ten *Fragments* of lost letters allegedly written by Gildas, preserved in fragments in an eighth-century, Irish, canon law collection and edited most recently by Michael Winterbottom,[8] and a *Preface on Penance*, which is included in Bieler's collection. Though Gildas' dates remain a matter of much dispute,[9] there is

[5] Ludwig Bieler, *The Irish Penitentials*, Scriptores Latini Hiberniae, Vol. V (Dublin: Institute for Advanced Studies, 1963). This book also contains English translations by D.A. Binchy of two Old Irish penitentials.

[6] The text survives in a single manuscript (Cambridge, Corpus Christi College, MS. 279), written probably at Tours *c.*900. Quotations from this text were ascribed to Patrick in the *Collectio Canonum Hibernensis* (early eighth century).

[7] C.A. Snyder, *The Britons* (Oxford: Blackwell, 2003), ch. 6. See also David N. Dumville, *Councils and Synods of the Gaelic Early and Central Middle Ages* (Cambridge: Dept. of Anglo-Saxon, Norse and Celtic, 1997), p. 4: "This [*acta*] may be held to reflect the status and authority of St. Patrick in the Irish Church by *c.*700". On Patrick's assistants, see also David N. Dumville *et al.*, *Saint Patrick, AD 493–1993* (Woodbridge: Boydell, 1993), pp. 89–105.

[8] Michael Winterbottom, ed. and trans., *Gildas: 'The Ruin of Britain' and other documents* (London and Chichester: Phillimore, 1978).

[9] See, for example, N.J. Higham, *The English Conquest: Gildas and Britain in the Fifth Century* (Manchester: Manchester Univ. Press, 1994), passim; and

good reason to accept Gildas' authorship of these works and to see them as a product of the early sixth century. On the first point, we have Columbanus' testimony *c*.600 that Gildas corresponded with a man named *Vennianus auctor* on the topic of monastic discipline.[10] The reference to Roman weights and measures is one clue that we are dealing here with very early penitential writings.

Less than half of the *Fragments* deal specifically with monastic discipline. Gildas shows concern here about monks leaving their communities in search of stricter houses. He also advises abbots to practice gentleness and patience in administering penance. The *Preface on Penance* shows a similar concern for ascetic excesses. Its twenty-seven rules include mostly mild punishments for sins ranging from sexual misconduct to eating carrion. Although the penances here are solely for the clergy, there are instructions for the clergy's dealings with laymen, especially rulers. Dumville has postulated that this work was actually a preface to a monastic rule recorded by Gildas.[11]

Bieler assigns the next place chronologically to a penitential work called the *Synod of North Britain*, which similarly includes penances for monks and clerics only. Despite the phrase *aquilonalis Britaniae* in the manuscript heading, the context of this work is unclear. Bieler suggests that this is a reference to North Wales, but a mid-to-late sixth-century date would more likely make this a reference to clergy in such northern British kingdoms as Strathclyde, Rheged, and Gododdin.[12] There are only five rulings on penance in this brief work.

The so-called *Synod of the Grove of Victory* is another short work on penance. An entry in the *Annales Cambriae* under the year 569 records a

---

Christopher A. Snyder, *An Age of Tyrants: Britain and the Britons, AD 400–800* (Gloucester: Sutton, 1998), pp. 43–46.

[10] Columbanus, *Letter to Pope Gregory the Great*, 1.7. We should note that Columbanus assumes that the pope will recognize Gildas as an authority on discipline.

[11] In a lecture on Saint David (in memory of Kathleen Hughes) to the Fellows of Hughes Hall: http://www.hughes.cam.ac.uk/about/events/Dumvillelecture2.htm.

[12] See Snyder, *The Britons*, ch. 10. Léon Fleuriot and Gwenaël Le Duc have proposed a Breton origin for this text: see Dumville, *Councils and Synods*, p. 2, n.6.

"Synod of Victory" held by the Britons.[13] Another indication that this is an early work is the penance given to those "who afford guidance to the barbarians" or "conduct the barbarians to the Christians." There is no distinction between clergy and laity in this penitential.

The work known as *Excerpts from a Book of David* is the first to name specific penances for laymen. Reference to a Roman half-pint (*himina*) and use of the Roman term for British beer (*cervissa*) argue for an early date, but there is nothing implicit to this work which would tie it to St. David or south-west Wales.

The *Penitential of Finnian* may be the first official penitential. It is extensive, with some fifty-three rules in Bieler's edition issued for both clergy and laity. The abbot *Vinnianus* (var. *Vinniaus*) identified in the postscript of this work has traditionally been identified as the Irish saint Finnian, though whether this means Finnian of Clonard or Finnian of Moville is unclear (if indeed they *are* two different individuals). Dumville, however, has argued that this man was a Briton and the same *Vennianus* whom Columbanus described as corresponding with Gildas.[14] In any case, since Columbanus draws heavily on the *Penitential of Finnian* for his own penitential, written on the continent *c.*600, Finnian's work must have been in circulation by the last quarter of the sixth century.

The last penitential work of possible British provenance in Bieler's collection is the *Canones Wallici* or Welsh Canons. These canons are preserved in two different recensions, which Bieler labels the A-text and P-text. Bieler identifies this as a collection of laws from a rural community, probably in Brittany, which contains only a few specifically penitential canons.

While many of the early manuscripts containing the Irish penitentials were produced in France or western Germany, all of the British penitentials appear in manuscripts produced in Brittany.[15] The oldest of these manuscripts is Orléans 221 (193), written in Breton miniscule at Fleury in the eighth or ninth century. It contains the *Welsh Canons* along with the *Canons of Adomnan*. The most important of these, however, is Paris

---

[13] *Annales Cambriae*, s.a. 569. Ed. and trans. by John Morris, *Nennius: British History and the Welsh Annals* (London and Chichester: Phillimore, 1980).

[14] David N. Dumville, "Gildas and Uinniau," in *Gildas: New Approaches*, ed. by Michael Lapidge and David Dumville (Woodbridge: Boydell, 1984), pp. 207–14.

[15] See Bieler, 28.

Bibliotheque Nationale Lat. 3182, known as the *Codex Bigotianus*, produced by a Breton scribe named Maeloc in the tenth century. It contains, in addition to the above-mentioned works and other Irish material, the *Preface of Gildas on Penance*, extracts from the *Penitential of Finnian*, and is the sole source for the *Synod of North Britain*, the *Synod of the Grove of Victory*, and the *Excerpts from a Book of David*.

It should not surprise us that Breton monks and monasteries should choose to keep alive earlier British penitential writings. I would like to propose here a model for the creation and transmission of the Celtic penitentials involving three key players: Gildas, Finnian, and Columbanus. It is a cyclical model, and the circle is completed in Brittany in the ninth and tenth centuries.

In the *De Excidio Britanniae*, Gildas speaks sparingly, though with admiration, of monasticism. Yet in his letter to Gregory, Columbanus describes Gildas as an expert on monastic discipline. British monasticism was apparently growing rapidly in Gildas' own lifetime, and one tradition maintains that Gildas took the monastic spirit to Brittany where he founded the monastery of St. Gildas de Rhuys shortly before his death. To understand Gildas' role in the origins and transmission of Celtic penitential writing, we must look at the origins and character of monasticism in fifth-century Britain.

Eastern monasticism and eastern attitudes toward sin and penance were brought to the west by John Cassian, followed by the former soldier Martin who became bishop of Tours. Victricius, bishop of Rouen, came to Britain at the end of the fourth century – at the request of the Britons themselves – to introduce the reforms of St. Martin. Martin's attacks on paganism in Gaul and introduction there of eastern monasticism may have crossed the Channel at this point, *c*.400. We know that Constans, son of Constantine III, left a monastery to join his father's usurpation in 407, but we don't know whether the monastery was in Britain or in Gaul.[16] The naming of the fifth-century monastery at Whithorn *Candida Casa* is, if Bede's information is accurate, a clear homage to Martin. Still there is no clear material evidence for British monasticism in the first half of the fifth century.

---

[16] Anthony R. Birley, *The People of Roman Britain* (Berkeley: Univ. of California Press, 1980), p. 156.

Several scholars have noted the similarities between some early Christian inscriptions in western Britain and those in fifth-century Gaul.[17] Formulae like HIC IACIT and motifs like the encircled Chi-Rho suggest regular contact between Gaul and Atlantic Britain in the fifth and early sixth centuries. Given that these British stones are found in rural – if not isolated – areas, we are likely seeing the importation of the Gallic model (and perhaps Gallic clergy) of secular clergy assigned to rural dioceses.[18] Did these Gallic visitors also bring monasticism to western Britain?

Nick Higham suggests that a significant number of landed aristocrats in the second half of the fifth century (including possibly Gildas) began converting their rural estates into monasteries in order to escape taxation by British lords.[19] This may have been influenced by Pelagian teachings. These villa communities – Charles Thomas calls them 'gentleman's monasteries'[20] – may be an extension of the style of worship practised in the rural estates of Britain in the fourth century.[21] Frampton, Hinton St. Mary and Lullingstone have revealed clear examples of aristocratic house-chapels, while Chedworth villa yielded a baptistery. Though it is not clear how long worship lasted beyond the fourth century at these particular sites, in western Britain we glimpse some continuity. At the villas of Frocester, Llancarfan, Llandough and Llantwit Major, for example, there is evidence (some of it literary) for early medieval monasteries directly succeeding villa occupation.

Unfortunately, fifth-century written evidence for insular monasticism is meager. Constantius of Lyon does not mention monks in Britain in his *Life of St. Germanus*, nor does Patrick in his writings, though he is quite familiar with monasticism (perhaps from a stay in Gaul) and actively

---

[17] See, for example, Jeremy K. Knight, "Seasoned with Salt: Insular – Gallic Contacts in the Early Memorial Stones and Cross Slabs", in K.R. Dark, ed., *External Contacts* (Woodbridge, Suffolk: Boydell, 1996), pp. 109–20; and Charles Thomas, *Christian Celts: Messages and Images* (Stroud: Tempus, 1998), p. 86.

[18] Knight, p. 113.

[19] Higham, p. 137.

[20] Thomas, p. 60.

[21] See Susan M. Pearce, "Estates and Church Sites in Dorset and Gloucestershire: The Emergence of a Christian Society", in Susan M. Pearce, ed., *The Early Church in Western Britain and Ireland* (Oxford: Tempus Reparatum, 1982), pp. 117–38.

promoted it among young men and women in Ireland.[22] During his lifetime, private penance was evident in neither Britain nor Ireland. Patrick, for example, condemned the Briton Coroticus and his *milites* for shedding Christian blood without submitting to penance.[23] Here he must be referring to public penance: he is hardly Coroticus' confessor, and he announces to all "men of piety and humble heart" not to accept alms from the sinners until these Britons have done penance with "shedding of tears" (a common duty in early public penance).

Michael Herren sees Patrick's *monachi* as members of the lower clergy, primarily deacons and presbyters, who, along with the *virgines*, were responsible for conducting the office of psalm singing in parish churches.[24] The latest research shows that there were not many organized and exclusive monastic communities in Britain and Ireland before 600, but rather an increasing number of 'minsters' (*monasteria*) or mixed communities where clerks and monks performed pastoral duties along with the priests and bishops, who were required for administering the sacraments.[25] Whether corruption among the secular clergy, which Patrick and Gildas certainly allude to, led to an increasing role for monasticism in Britain depends on how much weight we want to put on their criticism of British priests and bishops.

In the *Fragments*, written most likely after the *De Excidio* but before the *Preface on Penance*, Gildas dispenses advice on such topics as excommunication, ecclesiastical justice and the apocalypse. But most of his concern is with asceticism and monastic discipline. As Herren points out, Gildas eschews ascetic excess and severe penances, and favours moderation.[26] Should we interpret this as a counter to a wave of ascetic extremism in the British church?

Clearly monasticism was well established and organized in Britain by the time Gildas wrote his *Preface*. If monastic communities in Britain were

---

[22] Irish texts of the seventh to ninth centuries confirm that it was Patrick and other Britons who brought monasticism to Ireland and who trained and worked with Ireland''s first monastic saints: see, for example, Dumville *et al.*, *St. Patrick*, pp. 140 ff.

[23] Patrick, *Epistola*, 7.

[24] Herren, (1989), p. 83.

[25] See the Introduction in Blair and Sharpe, (1992).

[26] Herren, (1990), p. 70.

following a common *regula* before this, it has not survived (unless they had adopted an eastern rule like Cassian's). Given the problems inherent in a mixed religious community, British church leaders would have seen the need for rules of discipline to apply to both the celibate and secular members of their 'minsters.' Gildas answered this call in part with his short work on clerical sins and penances.

In this early 'experimental' phase, it would have been quite natural for British clergy to consult with one another on matters of monastic discipline. This is the most plausible context for Gildas' correspondence with Finnian. *Uinniau* (pronounced Finnio in Irish) is a British name, and it seems likely that this 'Finnian' was a Briton schooled in western Britain who became a teacher and abbot in Ireland.[27] Adomnán says that St. Columba studied sacred scripture with a 'bishop Finnio,' and we can accept the equation of this man with Gildas' *Uinniau* without getting into the debate over Clonard *vs*. Moville.[28] The *Penitential of Finnian*, then, is likely the work of a Briton adapting nascent British attitudes on penance to the legal customs of Ireland. The same is likely true of the *First Synod of St. Patrick*, which may have combined some dimly-remembered teachings of Patrick's with pronouncements from the more developed sixth-century Irish 'minsters.' These two works are more extensive than the British penitentials and probably represent a slightly later development of the disciplinary ideas first expressed by Gildas.

Just as no single *regula* dominated Celtic monasticism, so too were the penitentials often a local phenomenon, leading Oliver Davies to describe Celtic monasticism as a "patchwork of widely differing ascetical ideals".[29] While Gildas' advice on penance may have been adopted by a group of probably southern British 'minsters' in the early sixth century, other religious communities in Wales and northern Britain found need a generation later for further rules. Thus the *Synod of North Britain*, the *Synod of the Grove of Victory*, and *Excerpts from a Book of David* were added to the patchwork, and together with Gildas and Finnian's writings they came to form a canon of British attitudes toward penance.

---

[27] See Dumville *et al*, *Saint Patrick*, pp. 133–45.

[28] See the comments of Richard Sharpe (p. 11) in his introduction to Adomnán's *Life of St. Columba* (New York: Penguin, 1995).

[29] Oliver Davies, *Celtic Spirituality* (New York: Paulist Press, 1999), p. 38.

This canon made its way to Brittany in the sixth and seventh centuries, perhaps beginning with a visit by a very aged Gildas (if his hagiography is to be believed). In any event, there are numerous accounts of British monastic saints from south Wales and Cornwall who travelled to Brittany and founded monasteries.[30] One of these Britons, St. Samson of Dol, may have even taken part in the Council of Paris in 557. Such Breton church leaders participating in Gallic synods would, eventually, encounter the Irish penitentials brought to the continent by Columbanus and his followers at the end of the sixth century (the *Penitential of Columbanus* was itself heavily dependent on that of Finnian). Eventually some of this Irish penitential material would have joined the earlier British works in an expanding canon, copied in varying forms at Breton and Frankish *scriptoria* from the seventh to the ninth centuries.

While we can debate the specifics concerning this winding path of manuscript transmission, we can no longer debate the value of the penitentials as historical documents for the early Middle Ages. The Celtic penitentials, writes Oliver Davies, "are as much quarries of information for the psychologist and the social historian as they are for those interested in historical Christianity."[31] But while some historians have used the penitentials for studies of early medieval attitudes toward sex and gender,[32] and one recent scholar has even dared to take their theology seriously,[33] no one has used them for examining broader cultural questions.

To use the penitential literature in this way, one must make some assumptions. One is that the sins described therein accurately reflect actual practices of members of these communities. "I assume," writes Pierre Payer in his study of sex and the penitentials, "that the penitentials were actually used in the pastoral ministry and that they reflect what people were actually doing – doing sufficiently frequently to warrant inclusion in these

[30] See Snyder, *The Britons*, ch. 6.

[31] Davies, p. 38.

[32] E.g., Payer, *Sex and the Penitentials*; and Julie Ann Smith, *Ordering Women's Lives: Penitentials and Nunnery Rules in the Early Medieval West* (Aldershot: Ashgate, 2001).

[33] Thomas O'Loughlin, *Celtic Theology* (London and New York: Continuum, 2000), ch. 3. See also Hugh Connolly, *The Irish Penitentials and their Significance for the Sacrament of Penance Today* (Dublin: Four Courts Press, 1995).

manuals".[34] We must assume as well that the penitential authors were not consumed with prurient obsessions and that they were not tedious legalists. They may have been moral reactionaries, but there must have been something for them to react to. We also assume that these authors were not simply imagining every possible way and means to sin. For historians to use the penitentials as sound evidence of cultural practices, they must be recognized as more than "webs spun in the casuistry of the monkish brain" (to borrow Nora Chadwick's phrase).[35]

Payer has pointed out the problematic area of the sometimes limited and obscure Latin vocabulary of the penitentials.[36] Can we be certain what the penitential author means when he is describing, say, a sexual act or a magical creature, or are we always going to be handicapped by our own conceptual schemes? I encountered this difficulty in my own study of the political terminology employed by Patrick and Gildas.[37] Needless to say that I believe this is a surmountable problem, as long as the historian employs reference works and databases that give him or her a wide range of contemporary or near-contemporary usages of terms and phrases encountered in the penitentials. It would be helpful, furthermore, if such parallel instances were found in non-judgmental contexts.

Another problematic area is the relationship between the Celtic penitentials and native law in Britain and Ireland. Tom O'Loughlin points out that just as Roman law had earlier influenced public penance, private penance likely merged in the Isles with elements of native law, which viewed justice as the payment of an honour price by the guilty party to the injured party: thus sin became "an offence against God's dignity" requiring a price to be paid if the sin was to be removed.[38] Many commentators have discussed, often disparagingly, the legalistic qualities of the penitentials. We cannot be certain of the relationship between these two phenomena, however, because the Irish and Welsh law codes as we have them are the products of a much later written tradition (eighth and thirteenth centuries

---

[34] Payer, p. 12.

[35] Nora K. Chadwick, *The Age of the Saints in the Early Celtic Church*, p. 149. Cf. the scepticism in Bieler, p. 339.

[36] See Payer, pp. 14–15.

[37] Snyder, *An Age of Tyrants*.

[38] O'Loughlin, p. 55.

respectively). We can, however, see the insular penitentials as an important early phase of legal thinking in Britain and Ireland, islands which soon after produced native law codes (Anglo-Saxon, Irish, Welsh) *and* instituted both civil and canon law.

CYFREITHWYR CYMRU A'R BYD

Thomas Glyn Watkin

YR WYF yn ddiolchgar iawn i Undeb Cymru a'r Byd am ei wahoddiad caredig imi draddodi ei ddarlith flynyddol yma eleni yn Eisteddfod Genedlaethol Cymru Bro Morgannwg. Anrhydedd a phleser oedd derbyn y gwahoddiad oddi wrth Mr Edward Morus-Jones yn gynharach eleni ar ôl iddo awgrymu'r posibiliad imi'r llynedd yn ystod Gŵyl Cymry Gogledd America yn Cleveland, Ohio, lle y cefais y fraint o draddodi darlithiau ar hanes cyfraith Cymru a'r cysylltiadau â'r Unol Daleithiau. Bwriad y darlithiau hynny oedd tynnu sylw Cymry Gogledd America at y cyfraniad Cymreig i'w diwylliant cyfreithiol ac i'w hannog i gyfrannu at waith Cymdeithas Hanes Cyfraith Cymru, ac yr wyf yn gobeithio y bydd rhai o'r pethau sydd gennyf i'w dweud heddiw yn ysgogi ymateb tebyg o wledydd eraill wrth imi geisio tanlinellu cyfraniad rhyngwladol cyfreithwyr Cymru dros y canrifoedd, yng ngwlad eu geni a hefyd ledled y byd. Wrth ddweud bod rhai o'u cyfraniadau wedi cael eu gwneud gartref a rhai mewn gwledydd eraill, yr wyf yn tynnu sylw ar unwaith at ddwy elfen o'm sgwrs, sef y cyfraniad gan gyfreithwyr oedd yn ymarfer yng Nghymru a Lloegr a'r cyfraniad gan Gymry a'u disgynyddion mewn gwledydd eraill, weithiau'n bell iawn o'u milltir sgwâr.

Gadewch inni ddechrau yma, fwy na lai ym milltir sgwâr yr Eisteddfod eleni. Os ydych yn teithio o gyfeiriad y Bontfaen at Gaerdydd ar hyd yr A48, ychydig cyn Tresimwn, yr ydych yn cyrraedd tafarn o'r enw'r *Aubrey Arms*. Os ydych yn troi i'r dde yna, a mynd heibio'r tafarn – ac mae'n chwith gen i fynd heibio heb alw mewn, ond fe fydd cyfle i ymweld â'r *Aubrey Arms* efallai maes o law – yr ydych ar lôn sydd yn eich tywys at bentref o'r enw Llantriddyd, pentref â chysylltiadau hen iawn â theulu'r Aubrey a hefyd â gŵr enwog o'r ardal o'r enw Syr Leoline Jenkins, oherwydd yn Llantriddyd y cafodd y cyfreithiwr enwog hwn ei fagu. Os ydych wedyn yn dychwelyd i'r briffordd, a mynd ymlaen ar yr heol i Gaerdydd, ychydig ar ôl Tresimwn, cyn cyrraedd Sain Nicolas, mae yna droad arall i'r dde, lle y mae heol sydd yn eich tywys at y Barri. Heb fod ymhell o'r troad, y mae yna droad arall i'r dde a lôn sydd yn mynd at fferm o'r enw, heddiw, *Fferm Ymddiriedolaeth Amelia*, ac sydd bellach yn cael ei defnyddio fel fferm addysgiadol ar gyfer, er enghraifft, plant ysgol. Hen enw'r fferm oedd *Fferm Whitton Rosser*,[1] ac y mae yna hanes gwir ddiddorol i'r fferm, oherwydd, yn ôl cofeb ar wyneb y ffermdy, yr oedd y fferm ar un adeg yn rhan o eiddo Coleg yr Iesu, Rhydychen, ac wedi cael ei rhoi i'r Coleg gan y gŵr a fagwyd yn Llantriddyd, Syr Leoline Jenkins.

Paham, efallai yr ydych yn gofyn, yr oedd gŵr ym Mro Morgannwg wedi gadael ei eiddo i Goleg yn Rhydychen? Efallai na fydd yn syndod mawr i chi glywed mai coleg gyda chysylltiadau agos iawn at Gymru, coleg a oedd wedi cael ei sefydlu yn oes y Frenhines Elisabeth Tudur, oedd gwrthrych ei rodd. Yr oedd Leoline Jenkins nid yn unig wedi bod yn fyfyriwr yn Rhydychen yng Ngholeg yr Iesu ond hefyd wedi bod yn Brifathro ar y Coleg am dair blynedd ar ddeg oddi ar 1660 hyd at 1673, cyfnod pan yr oedd ef hefyd yn darlithio yn y Brifysgol fel dirprwy i'r Athro Brenhinol yn y Gyfraith Sifil, y Dr. Sweit.

1: Syr Leoline Jenkins (1625–1685) gan Herbert Tuer, 1679
(Yr Oriel Bortreadau Genedlaethol, Llundain)

[1] Dyna sut y mae'n dangos weithiau ar fapiau hyd heddiw.

Ganwyd Leoline Jenkins ym 1625 yma ym Mro Morgannwg, a chafodd ei addysg yn Ysgol Ramadeg y Bontfaen cyn mynd ymlaen at Rydychen. Yn Rhydychen, gydag eraill, yr oedd yn gyfrifol am addysg breifat nifer o Gymry ifainc mewn man a gafodd, o ganlyniad, yr enw Neuadd Fach y Cymry. Fel nifer helaeth o'r Cymry ar y pryd, a hyd heddiw, yr oedd Jenkins yn frenhinwr rhonc, ac ar ôl i Rydychen syrthio i afael Plaid y Senedd ym 1646, yr oedd rhaid i Jenkins a nifer o'i ffrindiau Cymreig ddychwelyd i Gymru, lle yr enillai ei fywoliaeth am rai blynyddoedd fel tiwtor i feibion gwŷr bonheddig na allai fynychu'r Brifysgol bellach oherwydd y sefyllfa wleidyddol. Un o'r rhain oedd Syr John Aubrey, o deulu o'r Fro, a'r teulu yr enwyd yr *Aubrey Arms* ar eu hôl.[2] Yn ystod cyfnod llywodraeth Oliver Cromwell, yr oedd rhaid i Jenkins ac eraill ffoi i fyw yn Ffrainc ac yn yr Iseldiroedd oherwydd eu hufudd-dod i'r frenhiniaeth. Fodd bynnag, ym 1660, gydag Adferiad y Frenhiniaeth o dan Siarl II, dychwelodd Jenkins i Rydychen a chafodd ei benodi yn Brifathro Coleg yr Iesu.

Yn ystod y tair blynedd ar ddeg nesaf, datblygodd gyrfa Jenkins fel cyfreithiwr, ond nid yng nghyfraith gyffredin Lloegr. Fel nifer o Gymry o'i flaen, maes Jenkins oedd y gyfraith sifil a'r gyfraith ganon. Ystyr y gyfraith sifil yn y cyd-destun hwn yw'r cyfreithiau a'r gyfundrefn gyfreithiol a oedd yn deillio o hen gyfreithiau Rhufain. Hon oedd y gyfundrefn gyfreithiol a oedd yn sail nid yn unig i gyfreithiau nifer o wledydd cyfandir Ewrop ond hefyd yn sail i'r cyfreithiau a ddefnyddid i reoli masnach rhyngwladol. Hi hefyd oedd y sail i'r gyfraith ganon, hyd yn oed yn Lloegr a hynny ar ôl Diwygiad yr Eglwys o dan Harri VIII ac Elisabeth yn ystod yr unfed ganrif ar bymtheg. Dyma'r gyfraith a oedd yn cael ei hastudio ym Mhrifysgol Rhydychen, a dyma'r gyfraith yr oedd Jenkins yn ei haddysgu i'w fyfyrwyr fel dirprwy i'r Dr. Sweit, deiliad y gadair frenhinol yn y pwnc, cadair yr oedd nifer o gyfreithwyr sifil o Gymru wedi ei dal yn ystod y ganrif gynt. Cyfraith ryngwladol oedd diddordeb Leoline Jenkins er bod ganddo ddiddordeb a gwybodaeth eithaf trylwyr o gyfraith gyffredin Lloegr hefyd.

Nid oedd yr addysg gyfreithiol a ddarparwyd ym Mhrifysgol Rhydychen – ac yr oedd hyn yn wir am addysg gyfreithiol ym mhrifysgol arall Lloegr, sef Caergrawnt, hefyd – yn paratoi'r graddedigion i fod yn fargyfreithwyr nac yn gyfreithwyr gerbron llysoedd y gyfraith gyffredin. Yr oedd y

[2] A'r pentref gerllaw o'r enw Tre-Aubrey.

graddedigion yn y gyfraith sifil yn cymhwyso i fod yn gyfreithwyr, neu i ddefnyddio'r term cywir, adfocadau, gerbron llysoedd yr Eglwys a'r Morlys. Yr oedd y Morlys yn delio â'r gyfraith ryngwladol ac yn ymwneud a masnach yn ystod cyfnod o heddwch. Yr oedd hefyd yn delio â chwestiynau cyfreithiol yn ymwneud ag ysbail môr, sef yr hyn y dylid ei wneud â llongau a nwyddau'r gelyn a gipiwyd ar y môr yn ystod cyfnod o ryfel. Aeth Jenkins fel adfocad gerbron llysoedd yr Eglwys a'r Morlys, gan ddiweddu fel prif-farnwr yn y ddwy Lys.

Yn annhebyg efallai i gyfreithwyr yn llysoedd y gyfraith gyffredin, yr oedd angen i gyfreithwyr y Morlys drafod eu busnes gyda masnachwyr a gwleidyddion o wledydd eraill, ac o ganlyniad yr oedd rhaid iddynt fod yn brofiadol yn y gyfraith yr oeddent yn ei hymarfer ond hefyd mewn ieithoedd a diplomyddiaeth. O ganlyniad, yr oeddent yn aml iawn yn cael eu galw i fod yn llysgenhadon ar ran y Brenin wrth drafod materion gwleidyddol a diplomyddol gyda llywodraethau gwledydd eraill. Digwyddodd hyn i Jenkins yn ei dro, wrth i'r Brenin ei alw i fod yn llysgennad iddo yng Nghwlen [Cologne] ym 1673, y flwyddyn yr ymadawodd Jenkins â Rhydychen. Flwyddyn yn ddiweddarach, cafodd Jenkins ei benodi unwaith eto i fod yn llysgennad ar ran y Brenin, y tro hwn yn Nijmegen, wrth i heddwch gael ei drafod gan y gwledydd yr effeithiwyd arnynt gan Ryfel yr Iseldiroedd. Yr oedd Siarl II yn rhoi pwys mawr ar sgiliau Jenkins fel diplomydd. Ym 1680, fe'i penododd yn Ysgrifennydd Gwladol. Parhaodd Jenkins yn y swydd hyd at ei ymddeoliad drwy afiechyd ym 1684, flwyddyn cyn iddo farw. Claddwyd ef yng Nghapel Coleg yr Iesu yn Rhydychen, sef y coleg a dderbyniodd ei eiddo o dan delerau ei ewyllys, gan gynnwys ei fferm ym Mro Morgannwg, bro yr Eisteddfod eleni.

Fel cyfreithiwr, yr oedd Jenkins ym 1669 wedi delio gyda phroblemau'r Brenin ynglŷn â'i etifeddiaeth yn Ffrainc yn sgil marwolaeth ei fam, y Frenhines Henrietta Maria. Gyda'i brofiad o fyw yn Ffrainc a'i wybodaeth o egwyddorion a rheolau'r gyfraith ynglŷn ag etifeddiaeth, mae'n hawdd gweld paham y dewiswyd Jenkins gan y Brenin. Yn yr un flwyddyn, cafodd Jenkins ei benodi yn un o'r comisiynwyr i ymchwilio i'r cwestiwn a ddylai'r Alban a Lloegr gael eu huno. Yn ôl llythyr a ysgrifennwyd gan Jenkins at Ddug Caerefrog, nid oedd angen am y fath ddatblygiad. Ym marn Jenkins, yr oedd yn ddigon bod masnach rhydd rhwng y ddwy wlad heb eu huno yn wleidyddol. Mae'n ddiddorol heddiw, a'r Alban yn ystyried dyfodol yr undeb wleidyddol gyda Lloegr, cofio ymateb Jenkins i'r cwestiwn, a hefyd ei farn bod masnach rhydd yn ddigon heb undeb wleidyddol, wrth ystyried agwedd y Deyrnas Unedig at estyn undeb y gwledydd Ewropeaidd o fod yn ardal masnach rhydd at undeb gwleidyddol.

Yn ystod ei yrfa gyfreithiol, yr oedd Jenkins wedi gwneud tipyn i egluro'r gyfraith ynglŷn ag etifeddiaeth, cyfraith a oedd ar y pryd o dan awdurdodaeth llysoedd yr Eglwys. Lluniwyd un o statudau mwyaf enwog cyfraith Lloegr gan Jenkins ar y cyd ag eraill, sef Statud y Twyllau 1677. Ond un o gyfraniadau pwysicaf Jenkins oedd y modd y datblygwyd ganddo'r gyfraith ynglŷn ag ysbail môr, lle'r oedd yn gyfrifol am ddatblygu sylfaen egwyddorol gadarn ynglŷn â'r rheolau perthnasol. Seiliwyd y datblygiadau a wnaeth ar egwyddorion y gyfraith sifil mewn modd a oedd yn adlewyrchu'r datblygiadau yn y maes oedd yn cael eu cyflawni'n rhyngwladol ar y pryd ar y gyfandir Ewrop. Yr oedd Syr Leoline Jenkins yn gyfreithiwr gwir ryngwladol a wnaeth gyfraniad pwysig iawn at gyfraith ryngwladol ei oes, ac fel un o gyfreithwyr enwocaf nid yn unig Cymru ond Cymru a'r byd.

2: Bedd Syr Leoline Jenkins yng nghapel Coleg yr Iesu, Rhydychen

O angenrheidrwydd, dim ond o bryd i'w gilydd gall y gyfraith ynglŷn ag ysbail môr gael ei datblygu, oherwydd dim ond adeg rhyfel y mae'r math hwnnw o achosion yn cael eu dwyn gerbron y llysoedd. O ganlyniad, os oes yna gyfnod hir o heddwch, mae'n debyg iawn bydd angen diweddaru'r cyfreithiau pan fydd rhyfel yn digwydd. Ni chafodd y corff hwn o gyfreithiau ei ddiweddaru lawer ar ôl oes Jenkins tan gyfnod y rhyfel hir yn erbyn Ffrainc ar ddechrau'r bedwaredd ganrif ar bymtheg. Yn ystod y rhyfel hwnnw, gwnaeth yr Arglwydd Stowell, Syr William Scott, gyfraniad enfawr i'r maes, ac ar ôl ei gyfraniad ef, yr oedd yna gyfnod arall heb lawer o ddatblygiadau tan ddechrau'r ugeinfed ganrif a'r Rhyfel Byd Cyntaf. Yn od iawn, Cymro unwaith eto oedd yn gyfrifol am ddatblygu'r corff hwn o'r gyfraith yn ystod y Rhyfel Mawr. Y tro hwn, Syr Samuel Evans oedd ei enw, gŵr eto o'r De, bargyfreithiwr a gwleidydd a ddaeth yn Gyfreithiwr Gyffredinol yn llywodraeth Rhyddfrydol Asquith ym 1908 ac wedyn yn Llywydd Adran Profiant, Ysgar a Morlys yr Uchel Lys. Fel deiliad y swydd hon, cyfrannodd mor ddisglair at y gwaith o ddiweddaru'r gyfraith ynglŷn ag ysbail môr, maes sydd bellach wedi cael ei ddatblygu ddwywaith gan gyfreithwyr o Gymru.

3: Syr Samuel Evans gan Spy *(Vanity Fair)*

Yn ôl at fro yr Eisteddfod ac yn ôl, yn ôl fy addewid, i'r *Aubrey Arms*. Nid yw'r tafarn yn bell o bentref Llantriddyd, pentref gyda nifer o gysylltiadau a'r teulu Aubrey. Yr wyf eisoes wedi disgrifio sut yr aeth Jenkins i fod yn diwtor i fab Syr John Aubrey yn ystod y Rhyfel Cartref. Yr oedd y teulu Aubrey hefyd yn deulu gyda chysylltiadau â'r gyfraith sifil, oherwydd yr oedd un o'r teulu yn yr unfed ganrif ar bymtheg wedi bod yn Athro Brenhinol ar y Gyfraith Sifil yn Rhydychen a chymrawd yng Ngholeg yr Holl Eneidiau (*All Souls*).

4: William Aubrey (*c*.1529–1595)
(Yr Oriel Bortreadau Genedlaethol, Llundain)

Yr oedd y William Aubrey hwn, ac yntau'n wreiddiol o ardal y Fenni, eto yn gynghorydd i'r Frenhines Elisabeth ac yr oedd hi yn ei ddisgrifio fel 'my little Doctor' neu hyd yn oed efallai yn y Gymraeg fel ''Noctor bach i'. Nid yn unig yr oedd yna aelodau eraill o'r teulu hwn – a'u cysylltiadau â

Bro Morgannwg – gyda thraddodiad o addysg ac ymarfer yn y gyfraith sifil a'r gyfraith ganon – meysydd gwir ryngwladol – ond yr oedd tua thraean o'r adfocadau a oedd yn ymarfer gerbron llysoedd yr Eglwys a'r Morlys yn Llundain yn heidio o Gymru. Bellach, mae'n amlwg bod y traddodiad o Gymry yn ymarfer y cyfreithiau dysgedig, fel y'u gelwir, yn rhagflaenu nid yn unig y deddfau uno yn ystod teyrnasiad Harri VIII ond hyd yn oed oes y Tuduriaid, efallai oherwydd nad oedd yn bosibl i ddynion talentog o Gymru ymarfer gerbron llysoedd y Brenin yn Lloegr cyn yr uno ond yr oedd yn bosibl iddynt ymarfer gerbron llysoedd yr Eglwys.

Yn yr Oesoedd Canol, yr ydym yn dod o hyd i Gymry sydd wedi ymgymhwyso yn y cyfreithiau dysgedig, sef y gyfraith ganon a'r gyfraith sifil. Yn enwog iawn yn eu plith yn y bymthegfed ganrif oedd Lewis Byford, esgob Bangor, John Trefor, esgob Llanelwy, a Gruffydd Young, archddiacon Meirionnydd. Yr oedd y tri ohonynt yn brofiadol yn y gyfraith ganon ac, o ganlyniad, yn bwysig iawn oherwydd y cyngor a roesant ar faterion diplomyddol a chyfreithiol i Owain Glyn Dŵr yn ystod ei wrthryfel. Yr oedd John Trefor wedi derbyn addysg yn y gyfraith sifil a'r gyfraith ganon, ac wedi dal swydd yng Nghiwria neu Lys y Pab yn Rhufain, ac yr oedd Gruffydd Young yn gyfreithiwr eglwysig talentog iawn, a oedd efallai yn gyfrifol am ddatblygu polisïau Owain ynglŷn ag eglwys yng Nghymru a fyddai'n annibynnol o Gaergaint, gyda'i harchesgob ei hun, a hefyd dros brifysgolion yn y Gogledd a'r De. Ganrifoedd ynghynt, yr ydym yn clywed am archddiacon arall gyda chysylltiadau â hen gyfreithiau'r genedl, sef archddiacon Llandaf, sef Blegywryd, a oedd yn ôl un traddodiad yn ysgrifennydd cynulliad Hywel Dda a gofnododd arferion ei deyrnas. Mae *Llyfr Blegywryd* yn adlewyrchu gwybodaeth eithaf trylwyr o strwythur a chynnwys y cyfreithiau dysgedig.

Ymhlith gwŷr enwog eraill a oedd yn arbenigo yn y cyfreithiau rhyngwladol hyn, yn ôl yn oes y Tuduriaid, yr oedd David Lewis, eto yn wreiddiol o ardal y Fenni. Efe oedd prifathro cyntaf Coleg yr Iesu pan sefydlwyd y coleg yn 1571 gan y Frenhines Elisabeth yn sgil rhodd hael y Dr. Huw Price o Aberhonddu. Yn ôl Mary McCririck, uwch-ddarlithydd yn hanes a daearyddiaeth yng Ngholeg y Santes Fair, Bangor, yn ei llyfr gwerthfawr a ysgrifennodd ar gyfer plant ysgol yn 50au'r ganrif ddiwethaf, aeth nifer o ysgolheigion ifainc Cymru i'r coleg ac arbenigo yn y gyfraith gyda'r canlyniad yr oedd bron pob athro cyfraith yn Rhydychen cyn bo hir yn hanu o Gymru.[3] Ar ôl dweud hynny, mae'n bwysig cofio bod David Lewis ei hun yn gyfreithiwr ac, fel William Aubrey ac eraill, wedi cymhwyso yn y gyfraith sifil yn Rhydychen cyn i'r coleg gael ei sefydlu. Felly, nid oedd y traddodiad o Gymry yn astudio ac yn addysgu'r gyfraith sifil yn Rhydychen yn un newydd.

5: Bedd y Dr. David Lewis, Eglwys y Santes Fair, Y Fenni

Fel Aubrey, yr oedd David Lewis, sydd wedi ei gladdu yn Eglwys y Santes Fair, y Fenni, wedi bod yn fyfyriwr yng Ngholeg yr Holl Eneidiau ac wedi mynd ymlaen i fod yn bennaeth New Inn Hall, yn adfocad gerbron y Morlys a llysoedd yr Eglwys ac yn farnwr ynddynt. Yn wir, dim ond am flwyddyn arhosodd fel pennaeth yng Ngholeg yr Iesu. Cydweithiodd â William Aubrey, a hefyd gyda chyfreithiwr arall o'r De, Syr John Herbert, sydd wedi cael ei gladdu yn Eglwys Ioan Fedyddiwr Caerdydd, ac a oedd fel Leoline Jenkins, nid yn unig yn gyfreithiwr ond yn llysgennad ac yn

[3] Mary McCririck, *Wales since Tudor Days* (Leeds, 1957), t. 8. Ynglŷn â hanes cynnar Coleg yr Iesu, gweler hefyd William Griffith, 'Jesus College, Oxford, and Wales: the first half-century', (1997) 3 *Traf. Cymmrodorion*, 1996 [CN], 20–44.

weinidog yn llywodraeth James I fel ail Ysgrifennydd Gwladol i'r Brenin. Fel Jenkins, yr oedd Herbert yn ieithydd profiadol a chafodd ei ddefnyddio felly i negodi â gwladwriaethau eraill yng ngogledd Ewrop ar ran llywodraeth y Brenin.

6: Syr John Herbert, y cerflun ar feddrod y brodyr Herbert, Eglwys Sant Ioan Fedyddiwr, Caerdydd

Yn olaf, o'r grŵp o gyfreithwyr sifil rhyngwladol hwn, mae'n rhaid imi gyfeirio at ddyn a gafodd ei fagu, eto, ym mro'r Eisteddfod sef Edward Carne o'r Bontfaen. Ar ôl iddo gymhwyso yn y gyfraith sifil yn Rhydychen, eto cyn i Goleg yr Iesu gael ei sefydlu, ac ar ôl cyfnod fel pennaeth Greek Hall yn y brifysgol, aeth Carne i Rufain i drafod dirymu priodas ei Frenin, Harri VIII gyda'r awdurdodau eglwysig. Arhosodd yn Rhufain am rai blynyddoedd fel cennad y Brenin – ac efallai am ei fod yn Babydd cafodd ei benodi i gynrychioli'r Frenhines Mari Tudur pan ddaeth hi i'r orsedd. Ar ôl iddi hi farw, ac er iddo ofyn i'r Frenhines Elisabeth am ei chaniatâd i ddychwelyd adref, arhosodd yn Rhufain fel gwystl y Pab yn ei ymdrech i ddylanwadu ar bolisi crefyddol Elisabeth. Ond yn ôl yr hyn a ddywedodd Carne wrth lysgennad Sbaen, Carne ei hun oedd wedi deisyf ar y Pab i'w gymryd fel gwystl er mwyn osgoi'r perygl o golli ei diroedd wrth iddo ddychwelyd i Loegr o ganlyniad i'w ffydlondeb i'r hen ffydd Babyddol. Bu farw Carne yn Rhufain ac fe'i claddwyd yno yn Eglwys San Gregorio Magno ar ben y Monte Celio. Mae ei fedd i'w weld yn yr eglwys hyd heddiw. Cyfreithiwr arall o Gymru y bu ganddo yrfa wir ryngwladol.

7: Beddrod Syr Edward Carne, Eglwys San Gregorio Magno al Celio, Rhufain

Efallai canlyniad mwyaf yr uno â Lloegr oedd y cyfle i Gymry bellach ymarfer nid yn unig gerbron llysoedd yr Eglwys a'r Morlys ond hefyd gerbron llysoedd y gyfraith gyffredin yn Neuadd San Steffan. Hefyd, wrth gwrs, yr oedd yn awr gyfle iddynt ymarfer gerbron llysoedd y Brenin yng Nghymru ei hun, sef Llysoedd y Sesiwn Fawr, ac i fod yn farnwyr ynddynt. Yn ystod yr ail ganrif ar bymtheg, yn enwedig yn ystod teyrnasiad byr y brenin James II, daeth nifer o gyfreithwyr Cymru yn flaenllaw iawn yng ngwasanaeth y llywodraeth frenhinol. Ond er gwaethaf hynny, ni chollodd nifer o gyfreithwyr Cymreig yr awydd i ymddiddori ac ymarfer ar lwyfan ryngwladol, yn enwedig wrth i gyfleoedd ddatblygu i gyfreithwyr ar draws yr Ymerodraeth Brydeinig. Yma, yr ydym yn dechrau dod ar draws cyfreithwyr Cymru a'r byd oedd yn ymadael â'r ynysoedd hyn i gyfrannu at ddatblygiadau cyfreithiol. Wrth gwrs, mae'n rhaid cydnabod bod y datblygiad hwn yn ganlyniad i'r ffaith bod Prydain Fawr, bellach, yn meddu ar Ymerodraeth fyd-eang, ac yng nghyd-destun yr Ymerodraeth honno y gwnaeth rhai o'r cyfreithwyr hyn eu cyfraniad, er – fel y gwelwn – buasai'n anghywir am nifer o resymau i'w rhestru fel ymerodraethwyr.

Ychydig i'r gogledd o faes yr Eisteddfod, y mae mynyddoedd a chymoedd Blaenau Morgannwg. Wrth symud o'r Fro at y Blaenau ger Efail Ifan Ddu yng Nghwm Ogwr, y mae hen blwyf Llangeinwyr i'w weld ar ben y bryn. Ym mhlwyf Llangeinwyr ym 1723 y ganwyd y Dr. Richard Price, gŵr nad oedd yn gyfreithiwr, ond gweinidog a gafodd ddylanwad clir ar ddatblygiadau cyfreithiol a chyfansoddiadol ymhell o'i filltir sgwâr. Yr oedd Price yn weinidog yng nghapel Undodaidd yn Llundain, ac yna fe ddaeth i adnabod a chymdeithasu neu gohebu â rhai o ddeallusion mwyaf yr oes, gan gynnwys Benjamin Franklin, John Adams a Thomas Jefferson. Yn yr un flwyddyn ag y gwrthryfelodd trefedigaethau America, 1776, cyhoeddodd Price ei lyfr yn cefnogi hunanlywodraeth, sef ei *Observations on the Nature of Civil Liberty*. Yn ddiweddarach, fe gyhoeddodd hefyd lyfr, *On Love of Country*, yn dangos ei gefnogaeth i'r Chwyldro Ffrengig, a ysgogodd Edmund Burke i'w ateb yn ffyrnig yn ei *Reflections on the Revolution in France*. Cafodd llyfrau Price eu cyfieithu i'r Ffrangeg, yr Almaeneg a'r Iseldireg, ond nid i'r Gymraeg, ac i ryw raddau mae hi'n deg dweud bod ei enw yn cael ei barchu mwy yng ngwledydd cyfandir Ewrop ac yng ngogledd America nag ym Mhrydain, a hyd yn oed yng Nghymru, er bod y sefyllfa honno'n newid yn raddol. Cymaint oedd parch arweinwyr cyntaf yr Unol Daleithiau tuag ato fel y bu iddynt drefnu iddo dderbyn gradd anrhydedd gan Brifysgol Iâl ar yr union ddydd y cafodd eu harlywydd cyntaf, George Washington, ei anrhydeddu yn yr un modd.[4]

Ymhlith ffrindiau Price yn Llundain yr oedd ysgolhaig o gyfreithiwr o'r enw William Jones, un o Gymry Llundain a mab i fathemategydd enwog a anwyd yn Sir Fôn. Yr oedd Jones yn ieithydd rhagorol, ac y mae ei enw yn gysylltiedig â sefydlu ieitheg fel pwnc sylweddol. Yr oedd Jones yn medru nid yn unig ieithoedd modern a'r ieithoedd clasurol, sef Lladin a Groeg, ond hefyd Hebraeg, Arabeg a Pherseg. Nid oedd yn rhestru'r Gymraeg fel un o'i ieithoedd gorau, ac o ganlyniad cafodd ei gyflwyno yn Ffrainc ar un achlysur fel y dyn oedd yn medru pob iaith ond ei iaith ei hun, ond nid yw'n wir nad oedd yn medru'r iaith o gwbl. Wrth iddo ymarfer fel cyfreithiwr gerbron Llysoedd y Sesiwn Fawr yng Nghymru, yr oedd yn aml

---

[4] Y mae arwyddocâd Price yn cael ei drafod bellach yn ddiweddarach yn y gyfrol hon yn nhraethawd Gareth L. Howell, "Richard Price and his Turbulent Times": gweler isod, tt. 42–93.

yn amddiffyn pobl gyffredin yn erbyn eu landlordiaid a'r awdurdodau Seisnig nad oedd yn deall bywydau a thraddodiadau'r Cymru brodorol. Yr oedd Jones yn cefnogi'r syniad o 'un dyn, un bleidlais', a hefyd yr hawl i wrthsefyll llywodraeth awdurdodyddol hyd yn oed gydag arfau. Mynegodd ei farn ynglŷn â hyn oll mewn traethawd o dan y teitl *Principles of Government in a Dialogue between a Scholar and a Peasant*. Cafodd y traethawd ei gyhoeddi ym 1782 gan frawd-yng-nghyfraith Jones, deon Llanelwy, y Dr. William Shipley. Cafodd Shipley ei gyhuddo gan y goron o enllib gwrthryfelgar o ganlyniad i gyhoeddi'r traethawd, ond fe gafodd ei ryddfarnu gan Fainc y Brenin ar ôl sefyll ei brawf yn Amwythig mewn achos enwog iawn yn hanes y gyfraith ynglŷn â'r rhyddid i ddatgan barn.[5]

8: Syr William Jones (1746–94) gan Syr Joshua Reynolds (Eiddo'r Iarll Spencer)

Erbyn i'r achos dodd gerbron y Brawdlys yn Amwythig, yr oedd Jones ei hun, yr awdur, ar ei ffordd i'r India i fod yn farnwr yn Calcutta. Yna, gan

[5] 21 *State Trials* 953. Y mae'r achos yn cael ei drafod yn J.F. Stephen, *A History of the Criminal Law of England*, 3 cyf., (Llundain, 1883; ail argraff., Efrog Newydd, 1973), III, tt. 330–343.

ddefnyddio ei wybodaeth o ieithoedd Indo-Ewropeg, dechreuodd ar y gwaith o gasglu a strwythuro arferion cyfreithiol y bobl frodorol, yn Hindŵaid ac yn Foslemiaid, gyda'r nod o sicrhau bod pobloedd India yn cael eu barnu yn ôl eu cyfreithiau eu hunain. Er bod Jones yn gyfreithiwr ac yn farnwr yn India ar gyfer yr Ymerodraeth Brydeinig, parhaodd yn ei ymdrech i weld egwyddorion hunanlywodraeth yn cael eu hymgorffori yng nghyfundrefn gyfreithiol y wlad. Cwblhaodd ei *Institutes of Hindu Law* yn 1794, ond yn anffodus bu farw yn fuan wedyn o ganlyniad i effaith yr hinsawdd ar ei iechyd. Mae Cymdeithas Hanes Cyfraith Cymru wedi cyhoeddi'r unig argraffiad modern o'i glasur, *An Essay on Bailments*, un o lyfrau mwyaf enwog llenyddiaeth y gyfraith gyffredin.[6]

9: Syr William David Evans (1767–1821) gan Edward Scriven
(Yr Oriel Bortreadau Genedlaethol, Llundain)

[6] Sir William Jones, *An Essay on the Law of Bailments*, gol., David J. Ibbetson (Cymdeithas Hanes Cyfraith Cymru, cyf. IV: Bangor, 2004). Ynglŷn â Jones, gweler hefyd A. Murray (gol.), *Sir William Jones 1746–94: A Commemoration* (Rhydychen, 1998); M.J. Franklin, *Sir William Jones* (Caerdydd, 1995); M.J. Franklin (gol.), *Sir William Jones: Selected poetical and prose works* (Caerdydd, 1995); M.J. Franklin, *Orientalist Jones: Sir William Jones, Poet, Lawyer, and Linguist* (Rhydychen, 2011).

Un arall o'r Cymry ar wasgar a wnaeth gyfraniad pwysig at lenyddiaeth y gyfraith a hefyd i'w gweinyddu yn yr India, oedd Syr William David Evans. Cafodd ef ei fagu ar aelwyd ym Manceinion cyn derbyn ei addysg yn ysgol fonedd Harrow a chael ei alw i'r bar gan Ysbyty Gray, sef ysbyty'r Brawdlys gyda'r cysylltiadau cryfaf â Chymru. Ar ôl cyfnod fel ynad cyflog ym Manceinion – efe oedd un o'r ynadon cyflog cyntaf – ac fel barnwr yn Lerpwl, dilynodd Syr William Jones i fod yn farnwr yn yr Ymerodraeth, yn achos Evans fel cofiadur Bombay. Eto, yn anffodus, fel Jones, yr oedd y hinsawdd yn yr India yn ormod i'w iechyd a bu farw ym 1821 yn 56 blwydd oed.

Yr oedd Jones ac Evans ill dau'n aelodau o'r dosbarth enfawr hwnnw o Gymry sydd yn cael eu hystyried yn Gymry er nad oeddent wedi cael eu geni yng Nghymru ond ar yr ochr arall i glawdd Offa yn Lloegr. Bellach, wrth gwrs, y mae yna nifer helaeth o bobl sydd yn eu hystyried eu hunan yn Gymry, neu yn cael eu hystyried yn Gymry, er bod eu bywydau wedi cael eu byw yn gyfan gwbl mewn gwledydd eraill. Nid oes angen i mi esbonio i'r gynulleidfa hon paham y mae hynny'n wir. Mae nifer helaeth o'r rhain wedi bod yn gyfreithwyr enwog ac y mae eu cyfraniad at fyd y gyfraith yn eu gwledydd mabwysiedig yn ddi-os. Yn eu plith, y mae'n bosibl rhestru Charles Evans Hughes ac Owen Roberts, y ddau ohonynt yn ynadon Goruchaf Lys yr Unol Daleithiau.

Nepell eto o faes yr Eisteddfod, y mae castell Sain Dunwyd, castell a gafodd ei brynu ac ei adnewyddu sawl gwaith drosodd yn ystod yr ugeinfed ganrif gan y miliynydd William Randolph Hearst. Am y modd yr oedd Hearst wedi adnewyddu'r castell dywedodd y dramodydd George Bernard Shaw mai dyna sut buasai Duw wedi adeiladu – petai ganddo'r arian. Ym 1906, fe drechwyd Hearst mewn etholiad i fod yn Llywodraethwr Talaith Efrog Newydd gan Charles Evans Hughes, ond ymddiswyddodd Hughes ymhen dwy flynedd er mwyn derbyn swydd fel Ustus yn y Goruchaf Lys. Ymddiswyddodd eto ym 1916, y tro hwn o'r fainc, er mwyn derbyn enwebiad y Blaid Weriniaethol i fod yn hymgeisydd ar ei rhan am swydd Arlywydd yr Unol Daleithiau yn yr etholiadau y flwyddyn honno. Cafodd Hughes ei faeddu y tro hwnnw gan Woodrow Wilson, yr Arlywydd ar y pryd, ond aeth ymlaen yn ddiweddarach i fod yn Ysgrifennydd Gwladol yr Unol Daleithiau yn llywodraeth yr Arlywydd Warren Harding, ac ar ôl hynny i fod yn farnwr yn yr Hâg cyn cael ei benodi yn Brif Ustus Goruchaf Lys yr Unol Daleithiau ym 1930.

Yn ystod ei gyfnod fel Prif Ustus y Goruchaf Lys, cododd cynnen ynglŷn â deddfwriaeth 'New Deal' yr Arlywydd Franklyn D. Roosevelt, gyda'r gwrthwynebwyr yn amau bod y ddeddfwriaeth yn anghyfansoddiadol. Nid oedd y sefyllfa yn annhebyg i'r hon a wynebodd yr Arlywydd Obama eleni ynglŷn â'i ddeddfwriaeth ef yn ymwneud â darpariaeth gwasanaethau iechyd yn yr Unol Daleithiau, cwestiwn a aeth hefyd gerbron y Goruchaf Lys i'w ateb.

10: Charles Evans Hughes (Prifysgol Columbia, Efrog Newydd)

Yn ystod 30au'r ganrif ddiwethaf, aeth y ddadl ynglŷn â chyfansoddiadoldeb y 'New Deal' gerbron y Goruchaf Lys fwy nag unwaith. Y tro cyntaf, penderfynodd y fainc yn unfrydol fod y darpariaethau yn anghyfansoddiadol, ond ar ôl hynny fe rannwyd y fainc gyda phedwar ustus yn cefnogi'r ddeddfwriaeth ond y mwyafrif yn parhau i'w gwrthwynebu mewn modd oedd yn bygwth argyfwng cyfansoddiadol ynglŷn â pherthynas y Llys â'r Arlywydd. Yng nghanol y sgarmes, mae'n debyg bod aelod arall o'r fainc o dras Gymreig, sef yr Ustus Owen Roberts, wedi cael ei berswadio gan Hughes i newid ei feddwl ynglŷn â'r cwestiwn, ac o ganlyniad i'r cytundeb rhwng y ddau Ustus o dras Gymreig, llwyddodd dadl yr Arlywydd gerbron y Llys gan achub 'New Deal' Roosevelt. Y mae Mrs. Margaret West, Cymraes a raddiodd yn y Gyfraith ym Mhrifysgol Cymru Aberystwyth ond sydd bellach yn byw yn Washington wedi cyflawni gwaith ymchwil gwerthfawr ar effaith perthynas y ddau Ustus ar ganlyniad y frwydr, a bydd ffrwyth ei llafur yn cael ei gyhoeddi maes o law mewn cyfrol arbennig gan Gymdeithas Hanes Gyfraith Cymru yn dathlu'r cyfraniad Cymreig at ddatblygu'r gyfraith yn yr Unol Daleithiau.[7]

A dyma'r hyn yr wyf am wneud wrth orffen. Nid yn unig yn yr Unol Daleithiau y mae'r Cymry wedi gwneud cyfraniad pwysig at ddatblygu'r gyfraith, at ei gweinyddu, ac at ei llenyddiaeth – a Chymru ar drothwy cyfnod newydd cyffroes yn ei hanes cyfreithiol fel cenedl – mae'n hen bryd i'r cyfraniad rhyngwladol hwnnw gael ei gyhoeddi a'i ddathlu. Felly, gadewch imi ddod i ben drwy eich gwahodd fel Cymry'r Byd i estyn a chyhoeddi gwahoddiad Cymdeithas Hanes Cyfraith Cymru i'r Cymry – ac yn enwedig i gyfreithwyr o dras Gymreig, ledled y byd – gyfrannu at y gwaith o amlygu'r cyfraniad pwysig hwn o eiddo ein cenedl at ein diwylliant cyfreithiol. Mae traddodiad rhyngwladol cyfreithwyr Cymru yn un hen a pharchus, ac fe ddylem ni fel Cymry sicrhau ei fod yn cael ei wneud yn adnabyddus hefyd.

Diolch yn fawr iawn.

---

[7] A hon yw'r gyfrol, ac y mae traethawd Margaret West, "How Two US Supreme Court Justices of Welsh Descent safeguarded the Court and the US Constitution in 1937" i'w weld isod, tt. 94–137.

LAWYERS OF WALES AND THE WORLD

Thomas Glyn Watkin

I AM extremely grateful to *Undeb Cymru a'r Byd* for their kind invitation to me to deliver their annual lecture here this year at the National Eisteddfod of Wales in the Vale of Glamorgan. It was an honour and a pleasure to accept the invitation from Mr. Edward Morus-Jones earlier this year after he had raised the possibility with me last year during the North America Festival of Wales in Cleveland, Ohio, where I had the privilege of delivering some lectures on the legal history of Wales and its connections with the United States. The purpose of those lectures was to draw the attention of Welsh people in North America to the Welsh contribution to their legal culture and to encourage them to contribute to the work of the Welsh Legal History Society, and I hope that some of the things which I have to say today will provoke a similar response from other countries as I attempt to underscore the international contribution made by Welsh lawyers over the centuries, in both the land of their birth and across the globe. In saying that some of their contributions were made at home and some in other countries, I am drawing attention immediately to two elements in my talk, namely the contribution made by those lawyers who practised in England and Wales and the contribution made by Welshmen and their descendants in other countries, often far from their place of birth.

Let's start here, in the immediate vicinity of this year's Eisteddfod. If you are travelling from Cowbridge towards Cardiff along the A48, shortly before reaching Bonvilston you arrive at an inn called the *Aubrey Arms*. If you turn to the right there, and pass the tavern by – and I'm sorry to have to pass without calling in, but there may be a chance to visit the *Aubrey Arms* later on – you will find yourself on a lane which leads to a village called Llantrithyd, a village with long-established links with the Aubrey family and with a famous man from that district, Sir Leoline Jenkins, because it was in Llantrithyd that this famous lawyer was raised. If you then return to the main road, and continue along it towards Cardiff, a little farther than Bonvilston, but before reaching St. Nicholas, there's another turning to the right, where there's a road which leads to Barry. Not far from the junction, there's another turning to the right and a lane that goes to a farm which is today called, *The Amelia Trust Farm*, and that is nowadays used as an educational farm for, for instance, school children. The farm used to be called *Whitton Rosser Farm*,[1] and it has a very interesting history, because, according to a plaque on the front of the farmhouse, the farm was at one time part of the property of Jesus College, Oxford, having been given to the College by the gentleman raised in Llantrithyd, Sir Leoline Jenkins.

Perhaps you are asking why a man from the Vale of Glamorgan left his property to a college in Oxford? Perhaps you will not be surprised however to hear that that it was a college with close links to Wales, a college that had been founded in the reign of Queen Elizabeth Tudor, which was the object of his gift. Not only had Leoline Jenkins been a student at Oxford at Jesus College, but he had also been Principal of the College for thirteen years from 1660 until 1673, a period during which he also lectured at the University as deputy to the Regius Professor of Civil Law, Dr. Sweit.

Leoline Jenkins was born in 1625 here in the Vale of Glamorgan, and was educated at Cowbridge Grammar School before proceeding to Oxford. At Oxford, with others, he was responsible for the private tuition of a number of young men from Wales at an establishment which became known in consequence as 'the Little Welsh Hall'. As was the case with a substantial number of Welsh people at the time, indeed until today, Jenkins was a dyed-in-the-wool royalist, and, after Oxford fell under the control of the Parliamentary party in 1646, Jenkins and a number of his Welsh friends had to return to Wales, where he earned his living for some years as a tutor to the sons of the gentry who were no longer able to attend the University because of the political situation. One of these was Sir John Aubrey, from a Vale of Glamorgan family, the family after which the *Aubrey Arms* is named.[2] During the period in which Oliver Cromwell was in power, Jenkins and others were forced to flee to France and the Netherlands as a consequence of their loyalty to the monarchy. However, in 1660, with the Restoration of the Monarchy under Charles II, Jenkins returned to Oxford and was appointed Principal of Jesus College.

In the course of the following thirteen years, Jenkins' career as a lawyer took off, but not in the field of the English common law. Like a number of Welshmen before him, Jenkins' field was civil and canon law. The meaning of 'civil law' in this context is the law and legal system rooted in

---

[1] It still appears thus on some contemporary maps.

[2] And the nearby village of Tre-Aubrey.

the law of ancient Rome. This was the legal system which formed the foundation not only of the laws of many countries in mainland Europe but also for the laws which provided for the regulation of international trade. It was also the foundation of the canon law, even in England and even after the Reformation of the Church under Henry VIII and Elizabeth during the sixteenth century. This was the law which was studied at the University of Oxford, and this was the law which Jenkins taught to students as deputy to Dr. Sweit, the holder of the Regius chair in the subject, a chair which a number of civil lawyers from Wales had held during the previous century. International law was Leoline Jenkins' interest, albeit that he had an interest and considerable expertise in the common law of England as well.

The legal education provided at the University of Oxford – and this was true of legal education at England's other unversity, namely Cambridge, as well – did not prepare graduates to be barristers or lawyers before the courts of common law. The graduates in the civil law did qualify as lawyers, or to use the appropriate term, advocates, to appear before the ecclesiastical courts and the court of the Admiralty. The Admiralty Court dealt with the international law relating to trade during times of peace. It also dealt with legal questions concerning Prize, that is what should be done with enemy ships and their cargoes which were captured at sea in wartime. Jenkins went on to become an advocate before both the ecclesiastical courts and the Admiralty, ending up as chief justice in both courts.

Differently perhaps to the lawyers who practised before the courts of common law, the lawyers who practised in Admiralty had to work with merchants and politicians from other countries, and as a consequence they had to have expertise in the law which they practised but also in languages and diplomacy. As a result, they were often called upon to act as ambassadors on behalf of the King in political and diplomatic negotiations with the governments of other countries. This fell to Jenkins in his turn, with the King asking him to be his ambassador in Cologne in 1673, the year in which Jenkins left Oxford. A year later, Jenkins was again appointed to be the King's ambassador, this time in Nijmegen, as peace negotiations took place among the nations affected by the Dutch Wars. Charles II placed considerable trust in Jenkins' ability as a diplomat. In 1680, he appointed him Secretary of State. Jenkins remained in that post until his retirement through ill-health in 1684, a year before his death. He was buried in the chapel of Jesus College in Oxford, that is the College which inherited his property under the terms of his will, property which included his farm in the Vale of Glamorgan, the location of this year's Eisteddfod.

As a lawyer, Jenkins had, in 1669, dealt with the King's difficulties regarding his French inheritance following the death of his mother, Queen Henrietta Maria. With his experience of having lived in France and his knowledge of the legal principles and rules relating to inheritance, it's easy to see why the King chose Jenkins. In the same year, Jenkins was appointed one of the commissioners to inquire into whether Scotland and England should be united. According to a letter written by Jenkins to the Duke of York, such a step was unnecessary. In Jenkins' opinion, it was sufficient that there should be free trade between the two countries without need of political union. It is fascinating today, with Scotland contemplating the future of the union with England, to recall Jenkins' answer to the question, and also his opinion that free trade was sufficient without need of political union, when considering the attitude of the United Kingdom to extending the union of European nations from being an area of free trade to one of political union.

In the course of his legal career, Jenkins had done much to clarify the law relating to succession, law which was at the time under the jurisdiction of the ecclesiastical courts. With others, he jointly drafted one of the most renowned statutes in the law of England, namely the Statute of Frauds 1677. However, one of Jenkins' most important contributions was the manner in which Prize Law was developed by him, where he was responsible for developing a firm foundation of principles regarding the relevant rules. He based his developments on principles of the civil law in a manner which reflected developments in the field which were being achieved internationally at that time in mainland Europe. Sir Leoline Jenkins was a truly international lawyer who made a most important contribution to the international law of his age, and that as one of the most famous lawyers not only in Wales, but in Wales and the world.

Inevitably, only from time to time is it possible for Prize Law to be developed, because it is only in wartime that such cases come before the courts. As a consequence, if there is a long period of peace, it is likely that it will be necessary to update that body of law when war occurs. This body of law was not updated much after Jenkins' time until the lengthy conflict with France at the start of the nineteenth century. In the course of those wars, Lord Stowell, Sir William Scott, made a considerable contribution to the field, and after his contribution, there was another period which saw little development lasting until the start of the twentieth century and the First World War. Oddly enough, it was a Welshman once again who was responsible for developing this body of law during the Great War. This time, Sir Samuel Evans was his name, once more a south Walian, a barrister and politician who became Solicitor General in Asquith's Liberal government in 1908 and later President of the Probate, Divorce and Admiralty Division of the High Court. It was as the holder of this post that he contributed with such distinction to the work of updating the Prize Law, an area of the law which has therefore twice been developed at the hands of Welshmen.

But back to the hinterland of this year's Eisteddfod and back, as I promised, to the *Aubrey Arms*. The hostelry is not far from the village of Llantrithyd, a village which has a number of connections with the Aubrey family. I've already described how Jenkins went to be a tutor to the son of Sir John Aubrey during the Civil War. The Aubrey family also had connections with the civil law, because one member of the family had, during the sixteenth century, been Regius Professor of Civil Law at Oxford and a Fellow of All Souls' College. This William Aubrey, originally from the Abergavenny area, again was an adviser to Queen Elizabeth, and she used to refer to him as 'my little Doctor' or perhaps even in Welsh as ''Noctor bach i'. Not only were there other members of this family – with their connections with the Vale of Glamorgan – who had a tradition of education and practice in the civil and canon law – fields which were truly international at the time – but approximately a third of the advocates who were practising before the ecclesiastical courts and the Admiralty in London came from Wales. By now, it's apparent that the tradition of Welshmen practising in the learned laws, as they were termed, goes back beyond not only the Acts of Union of the reign of Henry VIII but even before the age of the Tudors, perhaps because it was not possible for talented men from Wales to practise before the royal courts in England prior to the union but it was possible for them to practise before the ecclesiastical courts.

During the Middle Ages, we encounter Welshmen who have qualified in the learned laws, that is the canon law and the civil law. Well-known indeed amongst their number in the fifteenth century were Lewis Byford, bishop of Bangor, John Trefor, bishop of St Asaph, and Gruffydd Young, archdeacon of Meirioneth. All three had expertise in canon law and, as a consequence, achieved importance for the advice they gave on diplomatic and legal matters to Owain Glyn Dŵr in the course of his rebellion. John Trefor had been educated in the civil and the canon law, and had held office at the Papal Curia in Rome, while Gruffydd Young was an extremely talented canon lawyer, who was perhaps responsible for developing Owain's policies concerning a Church within Wales which would be independent of Canterbury, with its own archbishop, and also concerning universities in the north and the south. Centuries earlier, we hear of another archdeacon with connections to the ancient laws of the nation, namely the archdeacon of Llandaff, Blegywryd, who was, according to one tradition, the secretary of Hywel Dda's assembly which recorded the customs of his kingdom. *Llyfr Blegywryd* manifests an extremely thorough knowledge of the structure and content of the learned laws.

Amongst other famous individuals who specialized in these international laws, back in Tudor times, was David Lewis, again originally from the Abergavenny area. He was the first Principal of Jesus College when the college was founded in 1571 by Queen Elizabeth following a generous benefaction from Dr. Huw Price of Brecon. According to Mary McCririck, senior lecturer in history and geography at St. Mary's College, Bangor, in her valuable book written for schoolchildren in the 1950s, a number of young scholars from Wales went to the college and specialized in the law with the consequence that before long nearly every professor of law at Oxford hailed from Wales.[3] Having said that, it's important to remember that David Lewis was himself a lawyer and, like William Aubrey and others, had qualified in the civil law at Oxford before Jesus College was founded. Therefore, the tradition of Welshmen studying and teaching civil law at Oxford was not new.

Like Aubrey, David Lewis, who is buried in St. Mary's Church in Abergavenny, had been a student at All Souls' College and had gone on to become head of New Inn Hall, an advocate before the Admiralty court and the ecclesiastical courts, and then a judge within them. Indeed, he only

[3] Mary McCririck, *Wales since Tudor Days* (Leeds, 1957), p. 8. On the early history of Jesus College, see also William Griffith, 'Jesus College, Oxford, and Wales: the first half-century', (1997) 3 *Trans. Cymmrodorion*, 1996 [NS], 20–44.

remained for a year as head of Jesus College. He worked together with William Aubrey, and also with another lawyer from south Wales, Sir John Herbert, who lies buried in St John the Baptist's Church in Cardiff, and who was like Leoline Jenkins, not only a lawyer but an ambassador and a minister in the government of James I as Second Secretary of State to the King. Like Jenkins, Herbert was an accomplished linguist and he was therefore employed to negotiate with other states in northern Europe on behalf of the King's government.

Finally, in dealing with this company of international civil lawyers, I must refer to a man who, once more, was raised in the vicinity of this year's Eisteddfod, namely Edward Carne of Cowbridge. After he had qualified in the civil law at Oxford, again before the foundation of Jesus College, and after a period as head of Greek Hall in the University, Carne went to Rome to discuss the annulment of the marriage of his royal master, Henry VIII, with the Church authorities. He stayed at Rome for some years as the King's emissary – and perhaps because he was a Catholic he was appointed to represent Mary Tudor there when she came to the throne. After her death, and although he had sought Queen Elizabeth's permission to return home, he remained at Rome as the Pope's hostage as part of his efforts to influence the religious policies of the Queen. However, according to what Carne reportedly said to the Spanish ambassador, it was Carne himself who had petitioned the Pope to take him hostage in order to avoid the risk of losing his lands if he returned to England as a consequence of his continued loyalty to the old Catholic faith. Carne died in Rome and is buried there in the church of San Gregorio Magno on the Monte Celio. His tomb may be seen in the church to this day. Another lawyer from Wales who enjoyed a truly international career.

Perhaps the greatest consequence of the union with England was the opportunity it opened up for Welshmen to practise not only before the courts of the Church and of the Admiralty but also before the courts of common law in Westminster Hall. There was now as well, of course, an opportunity for them to appear before royal courts in Wales itself, namely the Courts of Great Sessions, and to be judges within them. During the seventeenth century, and especially during the brief reign of King James II, a number of Welsh lawyers became extremely prominent in the service of the royal government. However, despite that, a number of Welsh lawyers did not lose the appetite to take an interest in, and practise on, the international stage, particularly as opportunities arose for lawyers across the British empire. At this point, we begin to come across lawyers of Wales and the world who left these islands in order to make their contribution to legal development. Of course, one has to acknowledge that this development was a consequence of the fact that what was now Great Britain stood possessed of a world-wide empire, and it was within the context of that empire that some of these lawyers made their contribution, even though – as we shall see – it would be wrong for a number of reasons to class them as imperialists.

A little to the north of the Eisteddfod field lie the mountains and valleys of upland Glamorgan. As one moves from the Vale to the Valleys, near Blackmill in the Ogmore Valley, the old parish of Llangeinor can be seen on top of a hill. It was in the parish of Llangeinor in 1723 that Dr. Richard Price was born, a man who, though not himself a lawyer but a minister of religion, was to have an undeniable influence on legal and constitutional developments far from his native village. Price was a minister in an Unitarian chapel in London, and it was there that he got to know and to mix or correspond with some of the greatest thinkers of the age, including Benjamin Franklin, John Adams and Thomas Jefferson. In the very year that the American colonies rebelled, 1776, Price published his book supporting self-government, namely his *Observations on the Nature of Civil Liberty*. Later, he also published his book, *On Love of Country*, demonstrating his support for the French Revolution, which provoked Edmund Burke to respond furiously with his *Reflections on the Revolution in France*. Price's books were translated into French, German and Dutch, although not into Welsh, and to some extent it is true to say that his name is accorded greater respect in the countries of mainland Europe and in North America than in Britain, and even in Wales, although that situation is gradually changing. So great indeed was the respect accorded him by the first leaders of the United States that they arranged for him to receive an honorary degree from Yale University on the self-same day that their first president, George Washington, was honoured in the same manner.[4]

Amongst Price's friends in London was a scholar and lawyer by the name of William Jones, one of the London Welsh and son of the famous

[4] Price's importance is considered later in this volume in Gareth L. Howell's essay, "Richard Price and his Turbulent Times": see below, pp. 42–93.

mathematician who was born in Anglesey. Jones was a prodigious linguist, and his name is connected with the establishment of linguistics as a subject of substantive study. Jones' skills not only embraced modern languages and the classical languages, Latin and Greek, but also Hebrew, Arabic and Persian. He did not however list Welsh as one of the languages in which he had any great ability, and as a result he was introduced on one occasion in France as the man who was able to speak every language other than his own – but that should not be taken to mean that he wasn't able to speak Welsh at all. In his practice as a lawyer before the Courts of Great Session in Wales, he often defended ordinary people against their landlords and the English authorities who did not understand their lives nor their native Welsh traditions. Jones supported the concept of 'one man, one vote', and also the right to oppose authoritarian government even by taking up arms. He made known his opinions on these matters in an essay entitled *Principles of Government in a Dialogue between a Scholar and a Peasant*. The essay was published in 1782 by Jones' brother-in-law, the Dean of St. Asaph, Dr. William Shipley. Shipley was accused of seditious libel by the Crown as a consequence of his having published the essay, but he was acquitted by the King's Bench following a trial at Shrewsbury Assizes in a case which has become very famous indeed in the history of the law relating to the right of freedom of expression.[5]

By the time that the case came before Shrewsbury Assizes, Jones himself, the essay's author, was on his way to India to be a judge in Calcutta. There, using his knowledge of Indo-European languages, he set about the work of collecting and arranging the legal customs of the native people, Hindus and Moslems, with the object of ensuring that the people of India could be judged in accordance with their own laws. Although Jones was a lawyer and a judge in India on behalf of the British Empire, he continued in his struggle to see that principles of self-government should be incorporated within the legal system of the country. He completed his *Institutes of Hindu Law* in 1794, but unfortunately died shortly afterwards as a result of the effects of the climate upon his health. The Welsh Legal History Society has

[5] 21 *State Trials* 953. The case is discussed in J.F. Stephen, *A History of the Criminal Law of England*, 3 vols., (London, 1883; repr. New York, 1973), III, pp. 330–343.

published the only modern edition of his classic, *An Essay on Bailments*, one of the most famous works in the literature of the common law.[6]

Another of the 'Welsh in exile' who made an important contribution to the literature of the law, and also to its service in India, was Sir William David Evans. He was raised at a family home in Manchester before receiving his education at Harrow, the famous English public school, and being called to the bar by Gray's Inn, the Inn of Court with the strongest links to Wales. After a period as a stipendiary magistrate in Manchester – he was one of the very first stipendiary magistrates ever appointed – and as a judge in Liverpool, he followed Sir William Jones to be a judge in the Empire, in Evans' case as Recorder of Bombay. Again, unfortunately, like Jones, the climate in India proved too much for his health and he died in 1821 at the age of 56.

Jones and Evans are both members of that very large class of Welsh people who are considered to be Welsh even though they were not born in Wales but on the other side of Offa's Dyke in England. Nowadays, of course, there is a considerable number of people who regard themselves as being Welsh, or who are regarded as being in Welsh, even though they have lived their lives entirely in other countries. I needn't explain to this audience why that is the case. Quite a number of these have been famous lawyers, and their contribiution to the world of the law in their adopted countries cannot be doubted. Among them, one can number Charles Evans Hughes and Owen Roberts, both justices of the United States Supreme Court.

Not far from the Eisteddfod field is St. Donat's castle, a castle that was bought during the twentieth century by the millionaire William Randolph Hearst, who undertook its restoration more than once. With regard to the manner in which Hearst rebuilt the castle, the dramatist George Bernard Shaw said that it was how God would have built – if he had had the money. In 1906, Hearst was beaten in an election to be Governor of New York State by Charles Evans Hughes, but Hughes resigned after two years to

[6] Sir William Jones, *An Essay on the Law of Bailments*, ed., David J. Ibbetson (Welsh Legal History Society, vol. IV: Bangor, 2004). On Jones, see also A. Murray (ed.), *Sir William Jones 1746–94: A Commemoration* (Oxford, 1998); M.J. Franklin, *Sir William Jones* (Cardiff, 1995); M.J. Franklin (ed.), *Sir William Jones: Selected poetical and prose works* (Cardiff, 1995); M.J. Franklin, *Orientalist Jones: Sir William Jones, Poet, Lawyer, and Linguist* (Oxford, 2011).

accept office as a Justice of the Supreme Court. He resigned again in 1916, this time from the bench, in order to accept the nomination of the Republican Party to be its candidate for the office of President of the United States in that year's elections. Hughes was beaten on that occasion by Woodrow Wilson, the sitting president, but he later went on to become US Secretary of State in the administration of President Warren Harding, and after that to be a judge in the Hague before being appointed Chief Justice of the US Supreme Court in 1930.

During his time as Chief Justice of the Supreme Court, a dispute arose concerning President Franklyn D. Roosevelt's 'New Deal' legislation, with opponents doubting whether the legislation was constitutional. The situation was not unlike that which faced President Obama this year regarding his legislation concerning health care provision in the United States, a question which also went before the Supreme Court for resolution.

During the 1930s, the dispute about the constitutionality of the 'New Deal' went before the Supreme Court more than once. On the first occasion, the bench decided unanimously that the legislation was unconstitutional, but, after that, the bench split, with four justices supporting the legislation but with the majority persisting in its opposition in a manner which threatened a constitutional crisis regarding the relationship between the Supreme Court and the President. In the midst of this squabble, it appears that another member of the bench with Welsh roots, namely Justice Owen Roberts, was influenced by Hughes to change his mind concerning the question, and as a consequence of the agreement between the two justices of Welsh descent, the President's argument succeeded before the Court, saving Roosevelt's 'New Deal'. Mrs. Margaret West, a graduate in Law from the University College of Wales, Aberystwyth, and who now lives in Washington, has completed a valuable project of research on the effect which the relationship of the two Justices had on the outcome of the confrontation, and the fruit of her work is to be published in due course by the Welsh Legal History Society in a special volume celebrating the Welsh contribution to legal developments in the United States.[7]

---

[7] This is the volume in question, and Margaret West's essay, "How Two US Supreme Court Justices of Welsh Descent safeguarded the Court and the US Constitution in 1937" appears below, pp. 94–137.

And this is what I want to do in finishing. It is not only in the United States that Welsh people have made an important contribution to the law's development, to its administration, and to its literature – and with Wales on the threshhold of a new and exciting period in its legal history as a nation – it's high time for that international contribution to be published abroad and celebrated. Therefore, let me close by inviting you – *Cymry'r Byd* – to extend and make known the invitation of the Welsh Legal History Society to Welsh people generally – and especially to lawyers of Welsh descent around the world – to contribute to the work of making known the important contribution made by our nation to our legal culture. Welsh lawyers have a long-standing and worthy tradition of being international in outlook, and we as Welsh people should ensure that it is one which receives recognition as well.

Thank you very much.

RICHARD PRICE AND HIS TURBULENT TIMES
Preacher, Mathematician and Gentle Welsh Trailblazer of Liberty and the Atlantic Revolution

Gareth L. Howell

IF you had three hundred and fifty thousand pounds to spare a year or two ago, you could have bought a house in disrepair at Llangeinor, in the Garw valley of Glamorgan, which was the birthplace of Richard Price (1723–1791). It needs refurbishing like Price's reputation both sides of the Atlantic. He is one of Wales' most distinguished sons, and one of America's staunchest supporters at the founding of the Republic.

In 1778, the revolutionary American Congress asked Price to emigrate to America to help in "regulating their finances". This was an extraordinary mark of esteem from a new nation for a citizen of its imperial adversary. Price preached weekly in Stoke Newington, in Hackney and in London, where he was awarded the Freedom of the City. His congregants included future US president John Adams and his wife, Abigail, and, from her childhood, Mary Wollstonecraft, inspired by Price as a pioneer in women's rights (and mother of Mary Shelley, wife of the poet, and creator of Dr. Frankenstein).

Price was highly regarded as a moral philosopher. He was consulted by Prime Minister William Pitt (1759–1806) for reducing the national debt. Among his close associates were Benjamin Franklin (1706–1790) and Lord Shelburne (1737–1805), who became Prime Minister and Marquis of Lansdowne. He was in contact with French leaders before and after the 1789 revolution. He laid the pioneering foundations of probability theory for actuarially-based life insurance. He worked closely for liberty, and for social and spiritual progress, with his friend Joseph Priestley (1733–1804), preacher, scientist, dissenter, researcher in gases, inventor of soda water, friend of America, and discoverer of oxygen.

Price published cogent and influential observations on moral principles, in support of the American and French revolutions, and in opposition to war. He met and corresponded with many of the American founding fathers. His 1789 sermon during the early months of the French Revolution triggered an intemperate response from Edmund Burke, which drew rebuttals from Tom Paine, Mary Wollstonecraft and other noteworthy radicals. As we shall see, much of his work is of startling relevance for our times.

For many Welshmen in Price's time, America increasingly had seemed a harbinger of millennial destiny, high Welsh hopes, and regenerative moral purpose in government. There was continuing interplay of British antiquities, global instincts, freedom of worship, enlightenment philosophy, Welsh aspirations, and plans for utopian settlement in America.[1]

As Price affirmed the ethical basis of the American revolution and advised on drafting of the American Constitution, many of his Welsh countrymen and English friends of the Enlightenment, and of its Romantic successors, either were setting out for America in the revolutionary fervour of the times, or making plans to do so in search of the spiritual, economic, and political emancipation denied at home.

How "Welsh" was Price?

At the heart of the Welsh experience is resilience, informed by realism, high social awareness, and a lively sense of the ineffable. As Sir Philip Sidney noted in the first Elizabethan age:

> In Wales, the true remnant of the ancient Britons, there are good authorities to show the long time they had poets:... so, through all the conquests of Romans, Saxons, Danes, and Normans, some of who did seek to ruin all memory of learning among them, yet do their poets, to this day, last; so as it is – not more notable in soon beginning, than in long continuing.[2]

Making a similar point in his magisterial work on Welsh legal history, Professor Thomas Glyn Watkin reminds us that the new devolution settlement in Wales is:

> one more chapter in the remarkable story of how the Welsh people have retained their national identity despite, or perhaps because of, the variety of external pressures they have faced.[3]

---

[1] See Carruthers & Rawes (ed.), *English Romanticism and the Celtic World* (Cambridge, 2003).

[2] Sir Philip Sidney, *An Apology for Poetry*, 1595.

[3] Thomas Glyn Watkin, *The Legal History of Wales* (Cardiff, 2007).

The Reverend Professor Donald Allchin, prefacing his lectures marking the 1450th anniversary of the Bangor Diocese of the Church in Wales, writes:

> One cannot go very far into the Welsh heritage without discovering that one is dealing with a tradition which has an astonishing sense of inner continuity throughout the centuries.[4]

Some trace continuity back beyond the Welshman Pelagius (AD 354–430) (whose British name some suggest was Morgan), who wrote, seeming to foreshadow Price, of:

> … the law which the apostle recalls when he writes to the Romans, testifying that it is implanted in all men and written as it were on the tablets of the heart. For when gentiles who have not the law do by nature what the law requires, they are a law unto themselves.[5]

Pelagius tussled with Augustine of Hippo, refused the doctrine of original sin, affirmed the natural goodness of human nature, and said that God's goodness shines freshly through all creation. His "heresy" characterized the fourth-century British Church, to the unease of Rome, whence successive missions were sent to Britain to extirpate it, with limited success: some say that its tenets of human perfectibility survived secure in mediaeval Wales and later.

One Augustinian authority summarizes the divergent views like this:

> For Pelagius, the Christian religion is a superior religion measured against earlier models, but still fundamentally similar to them in type. It describes a divine power that acts rationally and fairly, aloof from the world, benevolently disposed toward it… but fundamentally distant. This divinity rules not by personal relationship, but by the rule of law…
>
> The reading of Jesus's relationship to his father promulgated by the Arians of the fourth century, for example, had this in common with Pelagius, that each interpretation imagined a fundamental ordinariness about Christianity and the world it described, while both Nicene Christology and Augustinian grace imagine a world that has been deeply disrupted by the intrusion of the divine rescue mission.[6]

---

[4] A.M. Allchin, *God's Presence makes the World* (London, 1997).
[5] See Herren & Brown, *Christ in Celtic Christianity* (Rochester NY, 2002), p. 78.
[6] James J. O'Donnell, *Augustine* (New York, 2005), p. 276.

Some believe that in America precepts of the historic Welsh impulse to free will, social justice, and the human quest for perfection are perennial. At every turn, development of the American republic enjoyed the vision, engagement and urge to liberty of Welsh pioneers shorn of the chance to effect millennial change at home, yet determined to strive for its success.

This was a two-way process. Professor Gwyn A. Williams points out that the American example of civic equality and freedom added a whole dimension to the world of Welsh Dissent during the reform campaigns of the 1780s in Britain, and adds:

> It is a curious assumption of several Welsh historians that writers of international repute like Richard Price had no effect on their homeland because they wrote in English and in London.[7]

Not even the cultural patriots of Price's time conceived of Wales as a separate political entity. Lewis Morris spoke of "happy union with the valorous English".[8] To a great extent in the eighteenth-century view, far from entailing political subjugation, union with England had granted Welshmen the full privileges of English citizenship.

The rights of man, as of Dissenters, women, and slaves, were front and centre of the Enlightenment agenda. Incipient Jacobinism, human rights and revolutionary ferment were in the air, and while Welsh cultural tradition certainly wanted a framework of literary and academic support, a Welsh state was not among the political aims of the times. For example, Professor Ceri W. Lewis writes of Iolo Morganwg (1747–1826), Price's younger contemporary, and one of the more iconic, effervescent and ubiquitous of Welsh polymaths:

> Hawliau ac iawnderau sylfaenol dynion yn gyffredinol a gai sylw Iolo, nid hawliau ac iawnderau cenedl y Cymru fel y cyfryw. Dichon fod a wnelo hyn a'r ffaith nad oedd yn ei feddwl ef unrhyw gysylltiad o wir bwys rhwng yr hunaniaeth arbennig a ganfyddai – yn gliriach na neb arall yn ei ddydd – yn y traddodiad llenyddol Cymraeg brodorol a hunaniaeth wleidyddol ei genedl. Neu, fel awgrymodd D.O. Thomas, efallai fod Iolo yn ei syniadau gwleidyddol, er gwaethaf y rhamantiaeth gynnes lifeiriol

[7] Gwyn A. Williams, *The Search for Beulahland* (London, 1980).
[8] Geraint H. Jenkins, *Foundations of Modern Wales* (Oxford, 1993), ch. 8.

> sy'n rhedeg drwy'r rhan fwyaf o'i gynnyrch llenyddol, 'yn greadigaeth Goleuedigaeth', yn hollol fel yr oedd Richard Price...".[9]
>
> (Iolo's attention was directed toward fundamental human rights, not the rights of the Welsh nation as such. Perhaps this reflected his view that there was no really significant connection between the way he identified – more clearly than anyone else of his time – with his local Welsh literary tradition, and the political identity of Wales. Or, as D.O. Thomas suggested, perhaps in his political thinking, Iolo, despite the warm romanticism which permeates so much of his literary output, was 'a creation of the Enlightenment' just as was Richard Price...)

Price plainly was the product of a rich Welsh heritage, evidenced in his liberal and dissenting instincts, in his quest for freedom, and for personal reflection and responsibility in matters of faith and morals, in his annual visits to family and friends in Wales, and in his millennial commitment to the advancement of human perfectibility.

As noted above, he was born at Tŷ'n Ton, Llangeinor, Tir Iarll, Glamorgan, in February 1723, the son of his father's second marriage, and was brought up under the stern Calvinism of his distinguished father, Rice Price (1673–1739): a man of redoubtable aspect even by the austere standards of the day.

Rice Price had been a student and later assistant at the pioneer dissenting academy at Brynllywarch. As Conor Cruise O'Brien puts it:

> Excluded from Oxford and Cambridge, excluded from municipal and governmental jobs, dissenters were in turn freed from the stifling orthodoxy of establishment church, state and school. From their own academies these presbyterians, baptists and unitarians produced men and women at the forefront of innovation in the religious, political, scientific and industrial life of England from 1750 to 1800. Wedgwood, Priestley, Wilkinson, Watt, Price were all products of this marginal yet incredibly productive segment of English *(sic)* life.[10]

---

[9] Ceri W. Lewis, *Iolo Morganwg* (Caernarfon, 1998), p. 140.

[10] Conor Cruise O'Brien, introduction to William Godwin''s *Enquiry Concerning Political Justice (1793)* (London, 1985), p. 10.

The dissenting academies were the nearest equivalent to the ancient universities of England, from which Dissenters were excluded, and they provided formidable grounding in the classics and a broad curriculum including "natural philosophy".

The Brynllywarch academy was established under the leadership of the Reverend Samuel Jones (1628–1697) who, like many other dissenting ministers, had been removed from his living at Llangynwyd in the aftermath of the Stuart Restoration. He was a native of Chirk in Denbighshire, had been a fellow of Jesus College, Oxford, and was among the foremost Welsh educators of his day. Geraint Dyfnallt Owen says of Jones:

> Gwnaethai waith amhrisiadwy i achos Anghydffurfiaeth. Rhoes iddi barchusrwydd addysg ac eangfrydedd diwylliant. Lefeiniodd hi, yn rhinwedd dylanwad ei bersonoliaeth ar ei efrydwyr, a dianwadalwch cydwybod, grym argyhoeddiad, a hunanbarch y gwr gwir ostyngedig a Christionogol. Ac yn ei athrofa ym Mrynllywarch y cynheuodd y fflam anniffodd a wresogodd ei ddilynwyr i gadw ei ddelfrydau, ei obeithion, a ffrwyth ei lafyr diymarbed yn fyw yn y tir.
>
> (He performed invaluable work for the cause of Nonconformity. He endowed it with the respectability of education, and with intellectual and cultural breadth. He leavened it through the influence of his personality on his students, and by the steady conscience, strong commitment, and self-respect of the humble Christian. And in his academy at Brynllywarch he kindled the enduring flame which inspired his followers to keep alive the ideals, hopes, and fruits of his tireless work.) [11]

Richard's father, Rice Price, and his younger brother Samuel attended the Academy and assisted with teaching. After the death of Samuel Jones, Rice Price assumed its leadership, inherited his family's estate of Tŷ'n-Ton, and officiated at dissenting congregations in Betws and Bridgend. His younger brother Samuel left for London, and became an assistant pastor with Isaac Watts at St. Mary Axe.

Geraint Dyfnallt Owen says of Rice Price that he was a man of complex character:

[11] Geraint Dyfnallt Owen, *Ysgolion a Cholegau yr Anibynwyr* (Undeb yr Annibynwyr Cymraeg, 1939), p. 6.

> Yr oedd yn enghraifft deg o ddyn yn medru cadw un llygaid ar drysorau daear a'r llall ar werthoedd ysbrydol heb wneud niwed i'w golwg na pheryglu llwydd buddiannau mor wahanol i'w gilydd. Profodd nad oedd dim yn rhwystro gweinidog diwyd a phrifathro ymroddgar i fod yn ddyn busnes parchus a llwyddiannus. Sicrhaodd enw da iddo'i hun, ynghyda ffortiwn foddhaol drwy osod trefn ar yr ystad a phriodi'n ddoeth. Cynheddfau'r aristocrat oedd gryfaf yng nghymeriad Rice Price, a bu iddynt ddylanwadau'n drwm ar ei osgo at y berthynas rhyngddo a chylch ei gydnabod yn y gymdogaeth, ac at broblem magwraeth ei deulu ei hun… nid oedd ennill i fod wrth ymgodymu a gwr ystyfnig, cul a diserch fel Rice Price.
>
> (He was a good example of a man able to keep one eye on earthly treasure and the other on spiritual values while neither harming his sight, nor endangering the advantages to be gained from either one of such diverse sources. He showed that nothing need impede a diligent minister, or a dedicated academic principal, from also being a distinguished and successful businessman. He secured his good name, as well as a useful fortune, through organizing the estate and marrying wisely… Aristocratic instincts were foremost in Rice Price's character, and they bore heavily on his local relationships, and on the raising of his family… there was little gain in struggling with so stubborn, narrow and cold a man as Rice Price).[12]

Rice Price's grandson William Morgan (1750–1833) surmised in relation to his grandfather's strict predestinatory Calvinist conviction:

> As the God in whom Mr. [Rice] Price believed was supposed to have formed the greater part of mankind for damnation, and to have reserved only a few of his favourites without any particular regard to their temper or conduct, – in like manner did this good man single out one of his children for his favourite, leaving him almost the whole of his property, and abandoning the rest of his family in a great measure to provide for themselves. The aristocratic principle of making one rich man in the family may possibly have united with his religious principles in disposing Mr. Price to make this partial distribution of his property.[13]

---

[12] Ibid. The Welsh to English translations are those of the author unless otherwise indicated.

[13] William Morgan, *Memoirs of the Life of the Rev. Richard Price* (London, 1815), pp. 6–7.

The inheritance thus lost to Rice Price's younger son Richard would not want for beneficiaries: Price's favourite niece Margaret (daughter of his elder brother John) inherited John's considerable legacy from his father.[14] Margaret married a Mr. Lewis of Newhouse, near Cardiff. Her grandson was Wyndham Lewis, of Tongwynlais, Glamorgan, member of parliament for Cardiff and Maidstone, whose rich widow's income (said to be some four thousand pounds a year for life[15]) became available to the young and perennially indebted Benjamin Disraeli, whom she married in 1839.[16]

Rice Price also is notorious historically as the brother of Catherine, widow of William Thomas of Cefn Ydfa. Their daughter Ann, whose father had died, was married to Anthony Maddocks, some say at her stern uncle's bidding, despite her fabled love for Wil Hopcyn. The haunting melody and powerful unrequited serenade to *The Maid of Cefn-Ydfa – Bugeilio'r Gwenith Gwyn* – is perhaps Wales' best known romantic tale, springing like Price himself from the fertile cultural soil of Tir Iarll (whether Wil Hopcyn, Iolo Morgannwg or another really wrote it or whether Ann really died of a broken heart).

The connection between the rich, eighteenth-century, literary life of Tir Iarll and Rice Price's academy and congregations was close.[17] Iolo Morganwg recounts how "the Reverend Rhys ap Rhys o Dŷ'n y Tonn [i.e., Rice Price]" taught classical Welsh poetic art to Dafydd Thomas. Professor G.J. Williams suggests that others at the Academy may have been better equipped to teach poetic method than was Rice Price himself, although D.O. Thomas tells us that the elder Price was "also a member of the bardic circle of Glamorgan, the 'Gorsedd Tir Iarll' ".[18] Siôn Bradford (1706–1785), of a family long-established in the region, was a congregant of Rice Price, and perhaps his student also, and may have had access to old literary manuscripts of the Powel family of Maesteg through the Academy (for Samuel Jones its late principal had married into that family).

---

[14] Caroline E. Williams, *A Welsh Family from the Beginning of the Eighteenth Century* (London, 1893), the writer being a kinswoman of Price.

[15] Mollie Hardwick, *Mrs. Dizzy* (New York, 1972), p. 85.

[16] Ibid., p. 105.

[17] G.J. Williams, *Traddodiad Llenyddol Morgannwg* (Caerdydd, 1948), p. 244.

[18] D.O. Thomas, *The Honest Mind: the Thought and Work of Richard Price* (Oxford, 1977).

Iolo, famously inspired by the bardic tradition of Tir Iarll, and claiming descent through his mother from an ancient family of the region, regarded Dafydd Thomas, Siôn Bradford and especially Edward Evan of Aberdare[19] as last heirs before Iolo himself to the rights and privileges of the Bards of the Isle of Britain.[20]

Fig. 1: Price's Birthplace: Tŷ Fferm Tŷ'n Ton (Garw Valley Heritage Society)

This was the milieu of local Welsh literary, historic, and religious leadership into which Richard Price was born. His youthful education was peripatetic. Price's nephew, William Morgan, tells us that Price's father intended him to enter trade.[21] From an early age, Price's religious views deviated from those of his father in a liberal and Arian direction. Until he was nine, he was educated at home, partly by a Mr. Peters, whom Price later held in great esteem. He was placed at a school in Bridgend, whence he moved to Neath, under the tutelage of the Reverend Joseph Simmons, minister of the dissenting congregation there. In 1735, aged 12, he went to study in Pentwyn, Carmarthenshire, under (another) Reverend Samuel Jones, whose religious principles Richard always admired for their candour and liberality.

William Morgan speculates as to his grandfather's motives for moving Richard yet again:

---

[19] D. Elwyn Davies, "Iolo Morganwg: Bardism and Unitarianism", (1998) 6 *Journal of Welsh Religious History*, 1.
[20] *Barddas of Iolo Morganwg*, ed., J.Williams ab Ithel (1862).
[21] Morgan, op. cit., p. 4.

> whether it was that Mr. Jones's sentiments in religion were too liberal, or that the youth might be more cheaply instructed elsewhere I know not, but at the age of 15, when he had been at Pentwyn about 3 years, he was moved to Rev. Vavasor Griffith's academy at Talgarth [in 1738], where he was a student at the death of his father, in 1739.

The academy previously was at Carmarthen, where it had a reputation for encouraging broad-ranging theological enquiry, tolerating Arminian and Arian studies,[22] which both paralleled and spurred Price's religious development. However, when Griffiths succeeded Thomas Perrot as Principal in 1733, the academy moved to Llwynllwyd near Hay (partly because it was thought less morally hazardous for students than Carmarthen, and partly because Griffiths probably had tutoring commitments there).[23]

It merged with the existing academy of David Price (no known relation), whose students had recently included the Methodist leaders Howell Harris (1714–1773) and William Williams, Pantycelyn (1717–1791), whose respective conversions at Talgarth in 1735 and 1737 were to instigate epochal social and religious change in Wales. It seems that when Richard Price arrived in 1738, he was tutored by Griffiths at a separate establishment in Talgarth, which may in part account for the divergent careers of these famous alumni. Roland Thomas speculates that:

> Richard Price must have heard Harris a number of times, and must have, like the great Williams of Pantycelyn, a year or so before, come under the influence of the thunder of his eloquence. Harris's Calvinism in theology, however, does not seem to have been sufficient to turn the pronounced anti-Calvin tendency which had already shown itself in young Price's incipient theological system.[24]

Talgarth was the improbable cradle of wide-ranging spiritual, ideological and political upheavals in Wales, England, America, and France as the century unfolded, as also was neighbouring Trefeca (Harris's home, where he established a religious community in 1752). In the 1790s, under the

---

[22] Philip Jenkins, *A History of Modern Wales, 1536–1990* (New York, 1992), p. 149.

[23] Owen, op. cit., pp. 24–26.

[24] Roland Thomas, *Richard Price* (Oxford, 1924).

leadership of Morgan John Rhys, what has been called a "loosely united Welsh intelligentsia", including Iolo Morganwg, used the printing press of the Trefeca community to publish several editions of the radical *Cylchgrawn Cymraeg* newspaper.[25]

The printer's apprentice son at Trefeca at this time, Nathan Hughes (1780–1845), became a schoolmaster in Tredegar. His son David, inspired by the autobiography of Price's friend Benjamin Franklin, became a clergyman in America.[26] His son, who as a youth visited the family in Wales,[27] was Charles Evans Hughes (1862–1948) – subject of a paper in this volume – and sometime Governor of New York, presidential nominee of the Republican Party, Secretary of State, and Chief Justice of the United States.

Price was at Talgarth when his father died in 1739. His tenure there had entailed walking in winter over the desolate moorlands of the Brecon Beacons. When his mother passed away in the following year he was 18, and on the advice of his uncle, the Reverend Samuel Price, he moved to London. William Morgan records:

> Having no means of conveyance, as he then lived with his two sisters who were no better provided for than himself, he had recourse to his brother, the heir of his father's fortune, who supplied him with a horse to carry himself and a servant as far as Cardiff, a distance of 20 miles, from whence he was left to trudge on foot with his bundle... to Bristol – a further... 40 miles.

On his eventual arrival in London, his uncle found him barely adequate lodging, and entered him at Coward's Academy, Tenter Alley, Moorfields, under its distinguished principal tutor John Eames. Eames had worked with Sir Isaac Newton, at whose behest he had been elected to the Royal Society. He also had collaborated in editing the work of Isaac Watts. Eames is likely to have influenced the development of Price's interest and proficiency in mathematics.

---

25 Gwyn A. Williams, *Beulahland*, p. 60.

26 Johnson, *Genealogy of Charles Evans Hughes (1862–1948)* (Washington DC, 1994).

27 *The Autobiographical Notes of Charles Evans Hughes* (Cambridge, Mass., 1973), p. 18.

In 1762 Price was asked by publishers to edit Newton's works for republication, an offer he declined in view of other commitments, and with characteristically self-deprecating reflections on his competence.

The eighteenth-century Dissenters did not regard pursuit of knowledge as detrimental to religion. Price himself says in his *Four Dissertations* (1767):

> There is no greater evidence to devotion than an attentive consideration of the glorious order of nature; nor is there any tendency within us more natural than that arising from hence to religious adoration. And there is an expressible pitifulness in the character of a man who stifles this tendency; who confines his views to *second* causes, and forgets the *first*, who sees not the Deity in his works; who devotes his time to philosophical researches, but satisfies himself with mere speculation, who can survey the world, enjoy its pleasures and reflect on its wonderful structure, without lifting up his heart to the author of it, without being warmed into praise, or feeling any pious and devout emotions.[28]

Like much of Price, as we shall see, his views are very contemporary. For instance, they portend the questing humility of which we read, of many of today's researchers at the uncertain cutting edge of cosmology and of particle physics. Price's words anticipate and supersede the post-Newtonian materialist consensus which characterized so much nineteenth-century perception in the quest to classify all of natural and human experience. Yet as Newton himself famously reflected:

> I do not know what I may appear to the world, but to myself I seem to have been only like a boy playing on the sea-shore, and diverting myself in now and then finding a smoother pebble or a prettier shell than ordinary, whilst the great ocean of truth lay all undiscovered before me.

Or coming full circle back to echo Price, Max Planck, the founder of quantum theory and hence one of the greatest physicists of the twentieth century says:

> Science enhances the moral values of life because it furthers a love of truth and reverence – love of truth displaying itself in the constant endeavor to arrive at a more exact knowledge of the world of mind and

[28] Quoted in D.O. Thomas, *Honest Mind*, pp. 12–13.

> matter around us, and reverence, because every advance in knowledge brings us face to face with the mystery of our own bei… Science cannot solve the ultimate mystery of nature.[29]

After a few months in London, Price became ill with jaundice and returned to his family in Wales, but was soon able to return and continue his studies at the Academy.

After leaving Coward's Academy in 1744, Price was ordained a dissenting minister. At the behest of his distinguished uncle, he joined the Stoke Newington household of George Streatfield, a prosperous businessman, prominent dissenter, and sometime Master of the Merchant Taylors Livery Company, as chaplain to the family, where he stayed for thirteen years. Initially, he also officiated at different congregations, including that of Samuel Chandler at the Presbyterian Chapel at the Old Jewry, and at Edmonton, and was soon chosen to be the morning preacher at Newington Green.

Fig. 2: Newington Green terrace (Photograph by Fin Fahey)

Streatfield, and Price's uncle, Samuel, both died in 1756. He had legacies from both, including a house on Leadenhall Street in the City. In 1757, he

[29] M. Planck, *Essay on the Mystery of Our Being,* reproduced in Wilber, *Quantum Questions* (Boston, 1984).

married Sarah Blundell, originally of Belgrave in Leicestershire, but now of Hackney. Her late father had lost the greater part of his fortune in the notorious 1720 South Sea Bubble, and her mother had recently died. After his marriage, Price and his wife made their home nearby at Newington Green, probably to be nearer his congregation. In 1770, Price became morning preacher at the Gravel Pit Chapel in Hackney, but continued to officiate as afternoon preacher at Newington Green, with occasional preaching duties at the Old Jewry meeting house.

Thus was launched Price's extraordinary career as preacher, dissenting minister, author, philosopher, scientist, mathematician, financial innovator and political visionary and activist.

Fig. 3: Richard Price (Portrait by Benjamin West, RA)
(National Portrait Gallery, London)

What manner of man was he?

Price's biographer Carl B. Cone regrets the lack of data on details of Price's personal affairs: "Price was not a person about whom anecdotes abound".[30] Yet his contemporaries noted his honesty of thought, moral consistency, humble demeanour, and gentle engagement with those he met. His wide range of friends included the political, philosophical, and scientific leaders of Britain, America and France.

His portrait by Benjamin West, RA (1738–1820) shows a shrewd and amiable man, and seems to be the only one extant, apart from an angry 1790 caricature, by James Gillray (1757–1815), a foremost satirist of the day, which shows Price surprised at his studies by a large-eyed beast representing the "Church and King" movement, over the caption: "Smelling out a Rat or the Atheistical-Revolutionist Disturbed in his Midnight Calculations".

Fig. 4: Gillray on Price (New York Public Library)

Hester Chapone, eminent leader with Mrs. Elizabeth Montagu of the renowned eighteenth-century "bluestockings", said of Price in a letter to her niece:

> While the vain man is painfully striving to outshine all the company and to attract their admiration and false wit, forced compliments, and studied graces, he must surely be mortified to observe how constantly Simplicius [Price] engages their attention, respect and complacency, without having

[30] Cone, *Torchbearer of Freedom* (Lexington, 1952), at p.3.

> once thought of himself as a person of any consequence among them. He imparts his superior knowledge when called upon, as easily and naturally as he would tell you what it is o'clock, and with the same readiness and goodwill informs the most ignorant or confers with the most learned. He is as willing to receive information as he is to give it, and to join the company as far as he is able in the most trifling conversation into which they happen to fall as in the most serious and sublime... If you talk to him of himself or his works, he accepts praise or acknowledges defects with equal meekness, and it is impossible to suspect him of affectation in either... [H]is benevolence and sincerity are so strongly marked in every look, word, and action, that we are convinced his civilities are offered for our own sakes, not for his own, and are the natural effect of real kindness, not the studied ornaments of behaviour.[31]

His gentle personal style contrasts with his fervent millennialism, and with his political energy and action.

By all accounts, Price and his wife had a loving and harmonious marriage. They had no children. Mrs. Price did not enjoy good health. John Adams, soon to be elected first Vice-President and later second President of the United States, and his wife Abigail, were Price's congregants when Adams was the first representative of the United States in London, travelling many miles to his sermons each Sunday. Diane Jacobs, in her recent lively account of Abigail's life and sojourn in London,[32] recalls Price as among John and Abigail's closest friends, which Abigail's letters readily confirm.

Abigail wrote in a letter in 1786:

> If I live to return to America, how much I shall regret the loss of good Dr. Price's sermons... I revered the Character and Loved the Man. Though far from being an orator, his words came from the Heart and reached the Heart. So Humble, so diffident, so liberal and Benevolent a Character does honour to that Religion which he both professes and practices.[33]

The same year she wrote to her sister:

---

[31] Quoted in Caroline E. Williams, op. cit., p. 63.

[32] Diane Jacobs, *Dear Abigail: The Intimate Lives and Revolutionary Ideas of Abigail Adams and her Two Remarkable Sisters* (New York, 2014), p. 236 et seq.

[33] John Adams, *Works*, vol. IX (Boston, 1853).

> I yesterday dined at the Bishop of St. Asaph's, in common with Dr. Priestley and Dr. Price and some strangers. I believe I have frequently mentioned Dr. Price; he is a good and amiable man, a little inclined to lowness of spirits, which partly arises from the melancholy state of Mrs. Price, who two years ago had a paralytic stroke, and has been helpless ever since.[34]

The bishop, Jonathan Shipley, had preached and spoken in Parliament in support of the American cause. St Asaph Street in Alexandria, Virginia is named for him. His daughter, Anna Maria, married Sir William Jones (1746–1794), the distinguished Welsh lawyer appointed Judge to the Supreme Court of Bengal, who was the first to discern and describe Indo-European philology.

The bishop's son, William Shipley (1745–1826) was Dean of St. Asaph, and in 1783 was tried in Wrexham and Shrewsbury for publishing seditious libel in a document admittedly written by his brother-in-law, Sir William. An initial conviction was eventually vacated by the King's Bench. The proceedings had two main outcomes.

Firstly, they provoked Thomas Erskine, defending, to make a noteworthy speech which subsequently influenced parliamentary consideration of improvements in the law of libel, and secondly, they led to translation of the allegedly seditious document into Welsh, where it proved a basis for an *anterliwt* in the style of the popular contemporary, Twm o'r Nant,[35] and has been described as the first political tract in Welsh.[36]

Mrs. Price's marriage had been as happy as her health allowed. She died in 1786. William Morgan says:

> I do not know that in any part of Dr. Price's life the amiable benevolence of his temper shone with more luster than during the last illness of Mrs. Price. The paralytic disorder with which she was affected, though slight in its first attack, had in the course of two years considerably impaired her faculties, and rendered her incapable of deriving much enjoyment either for reading or conversation.

---

[34] *Letters of Mrs. Adams*, ed., Charles Adams (Boston, 1848).

[35] Michael J. Franklin, *Sir William Jones* (Cardiff, 1995), p. 76.

[36] See D.J. Ibbetson, "Sir William Jones", in T.G. Watkin (ed.), *Legal Wales: Its Past; Its Future* (Welsh Legal History Society, vol. 1: Cardiff, 2001), p. 41.

> In order therefore, as far as lay in his power to contribute to her amusement, Dr. Price devoted a more than ordinary portion of his time to her company, and almost every afternoon sat down for an hour or two with the utmost patience and even cheerfulness to play cards with her... [37]

Apart from a passing reference by Sharon Mcgrayne to a visit Price made to Paris in 1781, meeting there with his friend the Marquis de Condorcet, [38] there is little evidence that Price travelled far beyond visiting his family in Wales most years, often on horse-back, and sometimes with his Newington Green neighbour, the banker Thomas Rogers. This was "for the benefit of sea-bathing" says William Morgan (in 1815), or (at least from 1777) to officiate as master of the new masonic lodge at Bridgend, says Philip Jenkins.[39] Price's possible masonic allegiance is reviewed by Paul Frame, also in the context of Price's close relationship with the famed freemason Franklin. Frame also reflects on Franklin's affinity with questions of Welsh history, inspired both by multiple and surviving Welsh place names in the Pennsylvania barony, and by the pre-union relationship of Wales with England, on which Frame writes: "Franklin, like John Adams in his 'Novanglus Papers' of 1774, ... used the situation existing between Wales, the English Crown and the London Parliament in the years from the conquest of Wales in 1286 to the Act of Union or 'annexation' by England in 1536–43 to highlight the eighteenth-century American position... Only when parliamentary representation was granted in 1543 did .. taxation begin."[40]

After the death of his wife to whom he was deeply attached, in 1787 Price moved his home to Hackney, closer to the Gravel Pit meeting house where he preached, and his sister (William Morgan's mother) moved from Wales to keep house for him.

Price's moral philosophy and his theology are the solid foundation of his preaching, of his financial writings, and of his political thought and action. In his introduction to the third (1787) edition of his *Review of the Principal*

---

[37] Morgan, op. cit., p. 116.
[38] Mcgrayne, *The Theory that Would Not Die* (New Haven, 2011).
[39] Philip Jenkins, op. cit., p. 176.
[40] Paul Frame, *Liberty's Apostle* (Cardiff, 2015), at p. 83, citing also C. Bradley Thompson, *The Revolutionary Writings of John Adams* (Indianapolis, 2000), pp. 246–254.

Questions in Morals (first published in 1758), after a reflective life of accelerating activity and prominence, he cautions:

> There are hardly any such subjects so plain as not to require care and attention to form a competent judgment of them. What then must we think of those whom we continually see readily delivering their sentiments concerning points they have never considered; and deciding peremptorily, without thought or study, on the most difficult questions. If such are ever right, it can only be by chance. They think and speak entirely at random……

His own life and work carefully reflect the necessary demands of informed and competent judgment.

What then was his moral philosophy?

Fruchtman sums it up:

> Price is known in the history of philosophy as an ethical intuitionist. He claimed we know right from wrong because all humans possess a moral sense telling us the difference… The moral law, which we intuitively know, demands us to act morally. It is obligatory, and we disobey God when we fail to do good deeds… Morality [is] not directly tied to our reason, he said, but to the conscience that God has given to us; we are guided by divine authority. Price's work would always be based on his deep faith in God and His providential care of the world.[41]

What were his religious beliefs?

As a Presbyterian Arian preacher tending to Unitarianism, at a time when lack of belief in the Trinity potentially was criminal, his sermons disclose a richly humanitarian concern, yet with subtleties needing the fine scalpel of the theologian and of the moral philosopher, to do them adequate justice.[42]

Price rejected the Calvinism which surrounded his early years. Like his British forebear Pelagius, he refused the doctrine of original sin and eternal perdition. Human will is free to seek salvation, aided by grace, recalling

---

[41] Jack Fruchtman, *Atlantic Cousins* (New York, 2005).

[42] See D.O. Thomas, op. cit., and B. Peach, *Richard Price and the Ethical Foundations of the American Revolution* (Durham, NC, 1979).

Christ's stricture: "Be ye therefore perfect, even as your Father, which is in heaven, is perfect".[43]

Price believed that all truth is a part of God's nature. God Himself is truth, wisdom, reason, eternity, power and perfection. He writes:

> If there is an intelligent being at the head of all, who made things what they are; if moral good and evil are real and immutable differences, and not mere names and fancies; if there is a law of righteousness which the Deity regards, and according to which he always acts; if virtue deserves well, and is essentially worthy of encouragement, and vice deserves ill, and is a proper object of punishment; then, it may be depended upon that the lots of the virtuous and the vicious will be different; that God is for the one, and against the other...[44]

And citing the parable of the prodigal son, he suggests:

> Many who are now virtuous may formerly have been great offenders; and it is by no means clear how far repentance must be available to break the connection established between sin and punishment, or what peculiar cases the treatment of penitents, as distinguished from innocents, may require under the divine government. Every person, I fancy, who is truly contrite for the miscarriages of his past life is likely to feel the force of these observations. The consciousness which he must have of his own demerit, would scarcely suffer him to use any prayer other than that of the Prodigal in the parable, 'I have sinned O father against heaven and in thy sight, and am no more worthy to be called thy son. Make me as one of thy hired servants'.
>
> Here I think the information given us by the Christian Revelation comes in for our relief most seasonably and happily. It acquaints us that the return of every man to his duty shall restore him, not merely to some lower place in God's family, but to all those privileges of a son which he had forfeited, break the whole connection between sin and punishment,

---

[43] Quoted *inter alia* in C.A. Snyder, *The Britons* (London, 2003), p. 113; re early British church organization, see also, Drysdale, *History of the Presbyterians in England* (London, 1889).

[44] R. Price *A Review of the Principal Questions in Morals* (3rd edition) (London, 1787), p. 440.

> and issue in full favour and everlasting glory through that great Messiah who loved us and gave himself for us.[45]

Price was a pioneer in actuarial assessment of risk, and became an authority on the public debt. After the death of his friend the dissenting minister Reverend Thomas Bayes (1702–1761), and by request of the family, Price undertook a study of Bayes's papers. A recent account of the "Bayes Rule" concludes:

> By modern standards, we should refer to the Bayes-Price rule. Price discovered Bayes' work, recognized its importance, corrected it, contributed to the article, and found a use for it… Thirty years later Price was still referring to the work as that of Thomas Bayes.[46]

Sharon Bertsch Mcgrayne takes up the tale:

> Sorting through Bayes' papers, Price found an imperfect solution of one of the most difficult problems in the doctrine of chances. It was Bayes' essay on the probability of causes, on moving from observations about the real world back to their most probable cause… [O]nce Price decided Bayes' essay was the answer to Hume's attack on causation, he began preparing it for publication. Devoting 'a good deal of labour' to it… he added missing references and citations and deleted extraneous background details… In a cover letter to the Royal Society, Price supplied a religious reason for publishing the essay. In moving mathematically from observations of the natural world inversely back to its ultimate cause, the theorem aimed to show that 'the world must be the effect of the wisdom and power of an intelligent cause; and thus to confirm… from final causes… the existence of the Deity'. Bayes himself was more reticent; his part of the essay does not mention God. A year later the Royal Society's *Philosophical Transactions* published this work as 'An Essay toward solving a Problem in the Doctrine of Chances'.[47]

The extraordinary history of acceptance and denial of "Bayes Rule", and its repeated re-emergence, is testimony to the mathematical and human insights which inspired it. The method combines judgment based on prior

---

[45] Ibid., p. 455.
[46] Mcgrayne op. cit., p. 9.
[47] Ibid., p. 11.

knowledge, and subjective hunches, with probabilities based on repeatable experiments. An initial belief is mathematically expressed, and equations are modified by objective new information. Probability is transformed from a gambler's measure of frequency into a measure of informed belief.

At different times since, the subjective and intuitive elements of the rule have set its application at odds with orthodox frequency-based statistical analysis. Yet startling applications in recent years, and especially with the advent of computers, have restored the perceived value of the Price-Bayes approach.

For instance, it was applied by Alan Turing (1912–1954) and others to such feats as decoding of the German wartime enigma encryption codes at Bletchley Park (with incalculably important outcomes for British and Allied fortunes in the Second World War). The rule has huge medical applications in epidemiology. Also, it was applied to the detection of atomic materials lost in the sea off Spain, and to the application of subjective probabilistic analysis for business decision-making, operational analysis, and game theory developed at the Harvard Business School. The rule has many applications as a result of the advancing capacity for electronic processing in many spheres.

Writing of the Bayes rule and its applications in today's times of "big data", Mcgrayne reports that:

> It allows its users to assess uncertainties when hundreds or thousands of theoretical models are considered; combine imperfect evidence from multiple sources and make compromises between models and data; deal with computationally intensive data analysis and machine learning; and, as if by magic, find patterns or systematic structures deeply hidden within a welter of observations. It has spread far beyond the confines of mathematics and statistics into high finance, astronomy, physics, genetics, imaging and robotics, the military and antiterrorism, internet communication and commerce, speech recognition and machine translation. It has even become a guide to new theories about learning, and a metaphor for the workings of the human brain.[48]

And into political polling: at the end of 2012, the *Washington Post* awarded its "Best Year" accolade[49] to Nate Silver. Applying the Bayes/Price

[48] Ibid., p. 234.

[49] Chris Cillizza, *Washington Post* (30 December 2012), p. B3.

method, he had for a second time confounded the punditocracy, and forecast the outcome of the American presidential election with uncanny accuracy. He became America's instant statistical celebrity on all the news channels, attracting favourable mention from President Obama among others. Silver's book was published at the end of 2012. In it he writes:

> The argument made by Bayes and Price is *not* that the world is intrinsically probabilistic or uncertain. Bayes was a believer in divine perfection; he was also an advocate of Isaac Newton's work, which had seemed to suggest that nature follows regular and predictable laws. It is, rather, a statement – expressed both mathematically and philosophically – about how we learn about the universe: that we learn about it through approximation, getting *closer and closer to the truth* as we gather more evidence.[50]

In lively journalistic style he continues:

> This contrasted with the more skeptical viewpoint of the Scottish philosopher David Hume, who argued that since we could not be *certain* that the sun would rise again, a prediction that it would was inherently no more rational than one that it wouldn't. The Bayesian viewpoint, instead regards rationality as a *probabilistic* matter. In essence, Bayes and Price are telling Hume, don't blame nature because you are too daft to understand it: if you step out of your skeptical shell and make some predictions about its behavior, perhaps you will get a little closer to the truth.[51]

Silver's zest for the Bayes/Price rule leads him to see it in stark adversarial terms, and he concludes:

> Right now… we may be undergoing a paradigm shift in the statistical methods that scientists are using… If you read what's been written in the past ten years, it's hard to find anything that *doesn't* advocate a Bayesian approach… It will take some time for textbooks and traditions to change. But Bayes's theorem holds that we will converge toward the better approach. Bayes's theorem predicts that the Bayesians will win [over orthodox frequency-based statistical analysis].

---

[50] Nate Silver, *The Signal and the Noise* (New York, 2012).
[51] Ibid., p. 242.

Price found, organized and published a theory of exceptional usefulness. This would only become fully apparent after two centuries of computational progress. Yet now, the Bayes rule helps to explore how the human brain maximizes the information it gets from an uncertain world, helping neuroscientists study how the brain's neurons process information that arrives directly and indirectly, a little at a time, often in contradictory packets.

In fact, Price's work on Bayes also is a natural extension of his intuition of the potential individual human capacity fully to discern, and to act upon, complex moral truths.

Price is regarded as an important pioneer in the mathematics of life insurance. Collection of statistics, their accuracy, and their interpretation for purposes of actuarial calculation were all an uncertain science in the mid eighteenth century. To avoid financial disaster, and consequent hardship, Price saw the need both for sounder actuarial calculations, and for better data on life expectancy.

Based on his work on the Doctrine of Chances and probability theory, Price emerged as a leading authority on establishing equitable life insurance plans, providing advice, and publishing fundamental work.

In 1768, Price became advisor to the *Society for Equitable Insurances on Lives and Survivorships,* which was established in 1762 to apply the actuarial principles of James Dodson who had died in 1757. General understanding of the mathematical and statistical requirements for the accurate calculation of premiums and benefits payable under insurance policies was in its infancy. In 1771, following earlier papers and advice, Price published (to give its full title, showing its wide scope) his seminal:

> Observations on Reversionary Payments; on Schemes for providing Annuities for Widows, and for Persons in Old Age; on the Method of Calculating the Values of Assurances on Lives; and on the National Debt. To which are added, Four Essays on Different Subjects in the Doctrine of Life Annuities and Political Arithmetick. Also an Appendix, Containing a Complete Set of Tables; particularly Four New Tables, shewing the Probabilities of Life in London, Norwich, and Northampton; and the Values of Joint Lives.

Despite technical limitations, and with adaptations, Price's Northampton Tables were used for actuarial calculations well into the nineteenth century.

Price's nephew, William Morgan, the son of Price's sister, had given up medical studies in Wales, and moved to live with his uncle in London. Later, he was Price's first biographer, and at Price's behest was employed by the Society in 1774 as Assistant Actuary. He succeeded to the post of Actuary in 1775, a position he held until 1830. It is said that the professional designation *actuary* in fact derives from William's tenure at the Society. His younger son, Arthur, succeeded his father, and held the same office at the Society until 1870. William's great-great-grandson Evelyn Waugh says of him:

> William Morgan's Jacobin sympathies were so notorious that he went in danger of prosecution for treason in 1794 ... [He] served on the Council of the Royal Society and published numerous papers on public finance. He was popular in progressive intellectual circles but alienated many with his asperity. To the end of his life he remembered his native tongue and on one occasion after dinner made an extemporary translation of a Welsh ballad into what was described as 'elegant English verse'.[52]

In addition to his work on behalf of private insurance schemes, in 1773 Price worked unsuccessfully with Francis Maseres, Baron of the Exchequer, applying the same principles to pioneering development of a national scheme for old age pensions, with the twin aims of providing social security for working people, while lessening the burden of local poor relief.

The principle is important. Price believed in the freedom of each individual to understand and to pursue the virtues of thrift and self-discipline on his own and society's behalf, that he or she be protected from random risk, that each person merited the respect which this implies, and that on the national level, encumbering future generations with excessive national debt was morally unsustainable. These are principles of self-evident importance to our own times.

The bill failed to pass the House of Lords, and similar proposals using Price's calculations in 1789 met the same fate. His ambitious aims in relation to national poor relief would not be achieved until his countryman David Lloyd George led parliamentary passage of the 1908 Old-Age Pensions Act and of the 1911 National Insurance Act.

---

[52] Evelyn Waugh, *A Little Learning*, *Autobiography* (Boston, 1964).

Price's insistence on the moral basis for political and social policy finds contemporary echoes in today's fevered discourse on health care in America, which it might very usefully inform. William Hsaio, Professor of Economics at the Harvard School of Public Health, is internationally recognized for his work on the financing of health care and social insurance. He has designed comprehensive health care systems in many countries, and is quoted in 2009 as saying that creation of a health care system involves political, economic and medical decisions, but that the primary decision is a moral one. He says:

> Before you can set up a health care system for any country, you have to know that country's basic ethical values. The first question is: Do people in your country have a right to health care? If the people believe that medical care is a basic right, you design a system that means anybody who is sick can see a doctor. If a society considers medical care to be an economic commodity, then you set up a system that distributes health care based on the ability to pay. And then the poor, pretty much, are left out.[53]

Price viewed his preaching ministry as his principal duty and commitment for promoting high moral standards. Yet his social life was rich and creative also, and he enjoyed a wide circle of distinguished and valued friends and admirers, among whom his ethical ideas and his writings came to influence major political developments.

He was elected Fellow of the Royal Society in December 1765. Benjamin Franklin (1706–1790), a good friend who had been one of Price's sponsors, had first visited London from the American colonies as a young man. In 1757, he returned to live in London as Pennsylvania colonial agent, and eventually the agent also of other American colonies. Apart from visiting Philadelphia 1762–64, he stayed in London until 1775, when he returned to Philadelphia, and was immediately elected delegate to the Continental Congress. Franklin already enjoyed international renown as a leading scientific pioneer and 'electrician'. During his close association with Price, Priestley, and their friends, they became increasingly concerned about the widening rift between England and its American colonies, and at first strove mightily to prevent a rupture.

---

[53] Quoted in T.R. Reid, *The Healing of America* (New York, 2009), p. 215.

In 1773 Franklin published in the *Public Advertiser* his heavily ironic paper titled *Rules By Which a Great Empire May Be reduced to a small One*, whose precepts were little heeded by those whose policies soon would lead inexorably to disastrous war.

Price and Franklin met weekly at the Thursday meeting of the 'Honest Whigs Club' at the St Paul's Coffeehouse. The club included about twenty-five distinguished clergymen, philosophers, scientists and businessmen. Among the members were Joseph Priestley, John Canton (who had won the Royal Society's coveted Copley medal for his experimental proof of the compressibility of water), and Abraham Rees, eminent encyclopaedist of Llanbrynmair. James Boswell also attended. In 1772, Price listed six members of the club besides himself as "preachers of Christianity on the rational plan".[54]

Franklin's sister Jane lived a hard life humbly in Massachusetts, and had a vivid correspondence with her eminent brother. In 1786 she was introduced to Price's *Four Dissertations*. Her recent sympathetic biographer Jill Lepore says:

> Richard Price… spoke to Jane more clearly, more concisely, more forcefully, even, than her brother did. He supported civil liberty; he denounced slavery; he advocated American independence. But he believed in a providential god, and he explained to her, better than any preacher or writer ever had, why she had given birth to twelve children and lost eleven.[55]

Lepore records the passage in Price that so moved Jane, and which she shared with her brother:

> Thousands of Boyles, Clarks and Newtons have probably been lost to the world, and lived and died in ignorance and meanness, merely for want of being placed in favourable situations, and enjoying proper advantages. [But these, even these] are capable of an *endless* future progress in knowledge and happiness. The seeming waste may, for ought we know, answer important ends.

---

[54] Verner Crane, "The Club of Honest Whigs: Friends of Science and Liberty", (1966) 23(2) *William & Mary Quarterly*.

[55] Jill Lepore, *Book of Ages: The Life and Opinions of Jane Franklin* (New York, 2013), p. 218.

Joseph Priestley was among Price's closest friends. Priestley also was a dissenting minister, a graduate of the dissenting academy in Daventry, and is credited with the discovery of oxygen. During his lifetime, he mainly was renowned for the invention of soda water. His scientific discoveries and experiments were endemic to his religious beliefs and his millennial confidence in human progress. Like Price, he viewed his scientific work as integral to his religious mission. He was married in Wrexham to Mary, daughter of Issac Wilkinson, of Plas Grono nearby, and owner with his son, John, of the Bersham Iron Works

In April 1791 at Price's funeral in London, Priestley said of his friend: "In real candour, I question whether Dr. Price ever had a superior". Two months after this, Priestley fell victim to mob violence when his home and laboratory were destroyed by a "Church and King" mob in Sparkbrook, Birmingham. The incident was attributed to his supposed unpatriotic endorsement of revolution in France, and to superstition over his scientific work. After this frightening experience, Priestley was appointed to succeed Price in the pulpit at Hackney. Later, as we shall see, he emigrated to the United States.

Another valued and influential friend of Price was the Earl of Shelburne, who had been consoled after the death of his first wife by Price's essay *On the reasons for expecting that Virtuous Men shall meet after Death in a State of Happiness*. Shelburne had then asked the leader of the 'bluestockings', Mrs. Elizabeth Montagu, to introduce him to Price. Shelburne valued the company of prominent liberal intellectuals. In 1772, Price was instrumental in securing Priestley's appointment as librarian and tutor in Shelburne's household.

During his brief but critically important prime ministership in 1782–83, Shelburne invited Price to serve as his private secretary, a generous mark of distinction, which Price nevertheless courteously declined.

Shelburne's kindly letter of condolence on the death of Mrs. Price in 1786 from his country home, Bowood, in Calne, Wiltshire, testifies to the regard in which Shelburne (by then Marquis of Lansdowne) held Price:

> Let me beseech you to command me in any shape. I will go instantly to London if I can contribute to your comfort – or will be happy to see you here, where no one shall come, but such as are agreeable to you... You will find Lady Lansdowne and me nearly alone for two months to come... I am in the habit of riding from ten to thirty or sometimes forty mile a

> day. We dine at five o'clock as plain as you do in your own house. Lady Lansdowne plays for an hour on the harpsichord, not very well but without any pretensions, and we go to bed at eleven. We'll consider and treat you as a father. Every person about the house reveres and respects you, and you'll make us very happy, which is the next thing to being happy yourself.[56]

Price and Franklin's friendship with Lansdowne played a major part in securing eventual peace after the revolutionary war. Therefore, when the dining room and drawing room of Lansdowne House in London, so familiar to Price, as to Franklin and to Adams, were to be demolished for a new road in 1931 it was fitting that these rooms be acquired, tastefully reconstructed and exhibited to this day respectively at the Metropolitan Museum of Art, New York, and at the Museum of Art, Philadelphia.

Fig. 5: Lansdowne House, the Dining Room
(Metropolitan Museum of Art, New York)

[56] Lansdowne to Price, Bodleian MS, quoted in D.O. Thomas, op. cit., p. 146.

Fig. 6: Lansdowne House, the Drawing Room (Museum of Art, Philadelphia)

Price's career until 1775 involved preaching, and publication of his important works on the Principal Questions in Morals, and on the mathematical basis for providing Annuities for Widows and for Persons in Old Age, and he had advised friendly societies on equitable and sustainable insurance plans. With Shelburne's encouragement, he prepared papers on wide-ranging topics including religious toleration and freedom of worship, issues in public finance, and relations with the American colonies.

As for many of the dissenting clergy, freedom of worship was for Price a life-long concern. In his *Review of the Principal Questions in Morals* he wrote:

> It is no less a *contradiction to common sense* than it is *impiety*, for any man to worship God in any manner different from that which is most agreeable to their own consciences; that is, in any way but that in which alone it is acceptable and right in them to do it. The civil magistrate goes out of his province, when he interposes in religious differences.[57]

[57] Price, *Review,* p. 304.

In his 1785 *Observations on the Importance of the American Revolution*, to which we will return, he displays yet more emphatically the breadth of his commitment to freedom of religion:

> It may be concluded that it is impossible I should not admire the following article in the declaration of rights which forms the foundation of the Massachusetts constitution: *'In this state every denomination of Christians demeaning themselves peaceable and as good subjects of the commonwealth shall be equally under the protection of the law and no subordination of any sect or denomination to another shall ever be established by law'.*
>
> This is liberal beyond all example. I should, however have admired it more had it been more liberal and the words, *all men of all religions* been substituted for the words, *every denomination of Christians*.[58]

Price's liberal and dissenting positions earned him a growing reputation. As a dissenting minister, he was acutely aware of such challenges to liberty in England as the Test and Corporation Acts. Among other consequences, these measures had contributed to the emigration of "Scots-Irish" Presbyterians (dissenting Protestant settlers in Ulster) to Pennsylvania, and to the Appalachians beyond. From there they proved stalwart defenders of American independence, and their own, against English armies, just as their forebears were used to do in Scotland, and where their continuing proud autonomy impacts modern American politics in several key electoral states, as Senator James Webb reminds us.[59]

As a dissenting citizen, Price well appreciated the contemporary shortcomings of parliamentary representation in England. He worked untiringly for ameliorating these conditions.

In 1772, an opportunity arose to redress dissenters' grievances. A comment in Parliament by the Tory Prime Minister, Lord North, suggested that a petition might succeed. Price was elected to a Committee of dissenting ministers to draft proposals. Through Shelburne, a meeting was arranged with the former Whig prime minister, Chatham, to find forms of words which might help the bill to proceed. During the subsequent debate,

---

[58] Price, *Observations on the Importance of the American Revolution &c.* (Dublin, 1785), pp. 47–48.

[59] For a graphic account, see James Webb, *Born to Fight* (New York, 2004).

and provoked by remarks of the Archbishop of York, Chatham spoke eloquently in the Lords in support of the bill:

> You talk of our English Church system; but we have no system: we have a Calvinistic Creed, a Popish liturgy, and an Arminian clergy. The Dissenters you revile contend for a spiritual creed and spiritual worship. … I am for this bill my Lords, because I am for toleration, that sacred right of nature and bulwark of truth and most interesting of all objects to fallible man.

Yet the bill was rejected by 102 votes to 29. Price wrote to Chatham after the debate:

> We are indeed concerned to find that no force of argument could secure success for us; and that we must continue to owe to the mercy of our governors a security to which he have, as we apprehend, a natural right.[60]

Despite continuing parliamentary activity, and the sustained pressure of dissenters, the Test and Corporation Acts would not be repealed until 1828.

The developing crisis between America and England early engaged Price's attention. Despite the limitations of contemporary demographic data, the population of the colonies had grown substantially since the start of the century, and become a sizeable part of the empire. By 1776, there were 2.6 million American colonists. The population of England itself was only about 6.3 million (other populations were Wales: 0.5 million, Scotland: 1.4 million, Ireland: 3.7 million, and France about 25.5 million).[61] Price himself was a pioneer in seeing the need, and devising means, for tabulating improved population statistics for the assessment of risk, and for determining of public policy.

Price published three papers in relation to the emergence of the independent United States. The first of these was his *Observations on the Nature of Civil Liberty, the Principles of Government, and the Justice and Policy of the War with America*, which appeared in February 1776, when the dispute was already well-advanced. His widely published work ran to eleven editions, was quickly reproduced in Dublin, Edinburgh, Boston, Charlestown, New York and Philadelphia. It sold 60,000 copies. His

---

[60] Quoted by D.O. Thomas, op. cit., p. 179.

[61] Author estimates from selected sources.

reputation, and dedication to religious and political liberty, made him a valued advocate for the American colonists.

His *Observations* and *Additional Observations* provide moral and intellectual underpinning for the cause of American Independence, just as his friend Thomas Paine's *Common Sense*, published a month earlier, offered a lively and popular challenge to the *status quo*.

Price's *Observations* open stating that :

> Our colonies in North America appear to be now determined to risk and suffer everything, under the persuasion that Great Britain is attempting to rob them of that liberty to which every member of society and all civil communities have a natural and unalienable title.

He proceeds first to consider the nature of civil liberty (distinguishing it from physical, moral and religious liberty), the principles of government, and of the authority of one country over another. Then, in a second part, he considers aspects of the justice, policy, honour and practicality of potentially waging war with America, and suggests:

> With respect to the Colonists, it would be folly to pretend they are faultless. They were running fast into our vices. But this quarrel gives them a salutary check. And it may be permitted on purpose to favour them, and in them the rest of mankind, by making way for establishing, in an extensive country possessed of every advantage, a plan of government and a growing power that will astonish the world and under which every subject of human enquiry shall be open to free discussion, and the friends of liberty, in every quarter of the globe, shall find a safe retreat from civil and spiritual tyranny. I hope, therefore, our brethren in America will forgive their oppressors. It is certain they know not what they are doing.

He then concludes with the plan for peace enunciated by Shelburne in the House of Lords in November 1775, in which Shelburne and Price no doubt collaborated. After recalling the excellent relations which Shelburne had maintained with the colonies while Secretary of State, "[possessing] their confidence, without ever compromising the authority of this country, a confidence which discovered itself by peace among themselves, and duty and submission to the mother country", Price writes:

> I hope I shall not take an unwarrantable liberty if, on this occasion I use his Lordship's own words, as nearly as I have been able to collect them: 'Meet the Colonies on their own ground in the last petition from the congress to the king. The surest, as well as the most dignified mode of proceeding for this country. Suspend all hostilities. Repeal the acts which immediately distress America... All other acts... leave to a temperate revisal'.

The acts, and other measures in contention, including those related to fiscal probity, are listed, and Price's quotation of Shelburne's speech concludes:

> The time was, I am confident, and perhaps is, when these points might be obtained upon the easy, the constitutional and, therefore, the indispensable terms of an exemption from parliamentary taxation and an admission of the sacredness of their charters instead of sacrificing their good humour, their affection, their effectual aids, and the act of navigation itself (which you are now in the direct road to do) for a commercial quit-rent or a barren metaphysical chimaera. How long these ends may continue attainable no man can tell. But if no words are to be relied on except such as make against the Colonies, if nothing is acceptable except what is attainable by force, it only remains to apply, what has been so often remarked of unhappy periods, *Quos deus vult perdere prius dementat*: [whom god would destroy he first makes mad].[62]

Price's *Observations* commanded widespread attention. He received the Freedom of the City of London. While standing at the bar of the House of Lords one day the Duke of Cumberland (George III's brother) admonished Price saying he had been reading his essay on Civil Liberty till he was blind. Lord Ashburton overhearing the Duke's comment is said to have opined: "It is rather remarkable that your Royal Highness should have been blinded by that book which has opened the eyes of all mankind".[63]

Concluding his *Additional Observations* in 1777 after the declaration of American independence and commencement of hostilities, Price admonishes the British government:

---

[62] Price, *Observations on the Nature of Civil Liberty and the War with America* (February 8, 1776).

[63] Caroline E. Williams, op. cit., p. 55.

> Make no longer war against yourselves. Withdraw your armies from your colonies. Offer your power to them as a protective not a destroying power. Grant the security they desire to their property and characters and renounce those notions of dignity which lead you to prefer the exactions of force to the offerings of gratitude and to hazard everything to gain nothing.

In April 1778, in his Introduction to the joint republication of his *Observations*, and *Additional Observations*, Price the millennialist takes issue with immoderate remarks plainly addressed to him by the Archbishop of York in a February 1777 sermon. Price gloats a little:

> I cannot help thinking of the learned prelate's feelings. After a prospect long dark he had discovered a ray of brightness showing him America reduced and the church triumphant. But lately that ray of brightness has vanished and defeat has taken [the] place of victory and conquest.
>
> And what do we now see? What a different prospect, mortifying to the learned prelate, presents itself. A great people likely to be formed, in spite of all our efforts, into free communities under governments which have no religious tests and establishments! [64] A new era in future annals and a new opening in human affairs beginning among the descendants of Englishmen in a new world. A rising empire extended over an immense continent without bishops, without nobles, and without kings. O the depth of the riches and the wisdom of God! How unsearchable are his judgments!

These papers helped to raise the ground for American independence from taxation technicalities to moral principle, including considerations of fiscal responsibility in organizing of the public finances.

In 1778, the United States Congress resolved to instruct its representatives in France:

> That the Honourable Benjamin Franklin [then representing the United States in Paris], Arthur Lee and John Adams, Esqrs, or any one of them, be directed to apply to Dr. Price, and inform him that it is the Desire of Congress to consider him as a Citizen of the United States, and to receive his Assistance in regulating their Finances. That if he shall think it

[64] Price noted the contemporary exception in the constitution of Pennsylvania.

> expedient to remove with his Family to America and afford such Assistance a generous Provision shall be made for requiting his Services.

There could be no greater tribute or recognition of the esteem in which Price was held in America.

Following his respectful demurral on grounds of age, in 1781 he was elected Doctor of Laws at Yale, in sole company with George Washington (Yale itself of course is named for the Denbighshire district of Iâl, whence its Welsh founding benefactor took his name).

Writing after the end of the revolutionary war, which Shelburne's brief Ministry had greatly helped to accomplish, Price's response was fervent, and his millennialism given full rein:

> Having, from pure conviction, taken a warm part in favour of the British colonies (now the united States of America) during the late war, and been exposed, in consequence of this, to much abuse and some danger, it must be supposed that I have been awaiting for the issue with anxiety. I am thankful that my anxiety is removed and that I have been spared to be a witness to that very issue of the war which has been all along the object of my wishes. With heartfelt satisfaction, I see the revolution in favour of universal liberty which has taken place in America, a revolution which opens a new prospect in human affairs, and begins a new era in the history of mankind... among the events in modern times tending to the elevation of mankind there are none probably of so much consequence as the recent one which occasions these observations.

In March 1785, Price published his *Observations on the Importance of the American Revolution, and the Means of making it a Benefit to the World.* He addressed Public Debt, then: Peace and the Means of perpetuating it; Liberty; Liberty of Discussion; Liberty of Conscience and Civil Establishments of Religion; Education; the Dangers to which the American States are exposed; Debts and Internal Wars; an Unequal Distribution of Property; Trade, Banks, and Paper Credit; Oaths; and the Negro Trade and Slavery.

The *Observations* are an immensely practical contribution to a timely discussion in the United States.

On the public debt, Price urges:

> What first requires the attention of the United States is the redemption of their debts and making compensation to that army which has carried them through the war. They have an infant credit to cherish and rear which, if this is not done, must perish and with it their character and honour for ever.

He proceeds to provide detailed calculations and ideas, including the value of compound interest, and the maintaining of a "sinking fund, guarded against misapplication" appropriate to the pioneering character of the American project.

In relation to preserving the peace, and with uncanny farsightedness on several levels, Price declares:

> Having now, in consequence of their successful resistance of the invasion of Britain, united to their remoteness from Europe, no external enemy to fear, they [the united States] are in danger of fighting with one another. This is their greatest danger and providing securities against it is their hardest work. Should they fail in this America may some time or other be turned into a scene of blood and instead of being the hope and refuge of the world may become a terror to it.

He continues:

> No provision is made for enforcing the decisions of Congress and this renders them inefficient and futile… Without all doubt the Congress must be enlarged. In particular, a power must be given to it to collect, on certain emergencies, the force of the confederacy, and to employ it in carrying its decisions into execution.

He is at pains to stress that this implies "calling out… quotas of militia sufficient to force at once compliance", and "God forbid that standing armies should ever find an establishment in America".

In similar vein, the demographer advocates for a regular census, asking:

> Would it not be proper to take periodical surveys of the different states, their numbers of both sexes in every stage of life, their condition, occupations, property etc? Would not such surveys, in conjunction with accurate registers of births, marriages and deaths at all ages, afford much important instruction by showing that laws govern human mortality, and

> what situations, employments, and civil institutions are most favourable to the health and happiness of mankind? [65]

Having checked with Franklin in Paris that there would be no objection to it, Price also attached to his *Observations* the copy of a very long letter he had received in 1778 from Turgot, lately Comptroller General of the finances of France.

Turgot's letter was in response to Price's *Observations on Civil Liberty*. He speaks of

> … the infatuation of your people in the absurd project of subduing America... I cannot conceive how a nation which has cultivated every branch of natural knowledge with such success should have made so little progress in the most interesting of sciences, that of the public good… All enlightened men, all the friends of humanity, ought at this time [1778] to unite their lights to those of the American sages and to assist them in the great work of legislation. This, sir, would be work worthy of you… If instead of going to war you had at the commencement of your disputes endeavoured to retreat with a good grace, if your statesmen had then consented to make those concessions which they will infallibly be obliged to make... if, in short, you had immediately yielded to the independence of America without entering into any hostilities I am firmly persuaded your nation would have lost nothing. But you will now lose what you have already expended and what you are still to expend, and you will experience a great diminution of your commerce for some time... and a great diminution of weight in foreign politics.

In 1785, George Washington wrote to Price:

> G. Washington presents his most respectful compliments to Dr. Price. With much thankfulness he has received, and with the highest gratification he has read, the doctor's excellent observations on the importance of the American revolution, and the means of making it a benefit to the world. Most devoutly is it to be wished that reasoning so sound should take deep root in the minds of the revolutionists… For the honourable notice of me in your address, I pray you to receive my

[65] Price, *Observations on the Importance,* op. cit.

> warmest acknowledgments, and the assurances of the sincere esteem and respect which I entertain for you.[66]

Also referring to Price's *Observations on the Importance of the American Revolution*, Thomas Jefferson, by then United States Minister in Paris, wrote to Price:

> I have read it with very great pleasure, as have done many others to whom I have communicated it. The spirit which it breathes is as affectionate as the observations themselves are wise and just. I have no doubt it will be reprinted in America and produce much good there.

Jefferson went on to say that Americans were becoming conscious of "want of power in the federal head, and the sentiment for enlarging the powers of Congress were becoming general".[67]

Price's paper excoriated slavery, saying "The negro trade cannot be censured in language too severe". Six months later, after the paper had been widely read in America, Jefferson wrote again to Price, asking his help to educate future leaders on this point, saying: "it is to them I look with anxiety to turn the fate of this question".[68]

What was the influence of Price's March 1785 paper on the American constitutional convention?

At the Annapolis Convention to Remedy Defects of the Federal Government, which took place in 1786, 12 delegates from five states (New Jersey, New York, Pennsylvania, Delaware, and Virginia) adopted a resolution for convening a constitutional convention, which met in Philadelphia from May to September 1787, reflecting a general desire for a more powerful and financially independent federal government, to replace the existing inadequate Articles of Confederation.

Plainly, Price's pamphlet was timely, appearing when the need for constitutional changes had become apparent, and steps for bringing them about were being actively explored. It is hard to say what its precise influence was on the drafting of the constitution. However, it can readily be

---

[66] Quoted in Carl B. Cone, "Richard Price & the Constitution of the United States", (1948) 5 *American Historical Review* 53.

[67] Quoted in Cone, *Torchbearer*, p. 112.

[68] Peach, *Richard Price and the Ethical Foundations of the American Revolution* (Durham, NC, 1979).

said that by reason of his reputation, anything which Price wrote was keenly studied in America. Also, the views he expressed blended closely with American sentiment at the time. Price's views were widely known, and he was quoted. For example, the report of the Virginia ratifying convention recorded:

> Mr. [George] Nicholas then quoted a passage from the celebrated Dr. Price who was so strenuous a friend to America, proving that, as long as representation and responsibility existed in any country, Liberty could not be endangered; and concluded by saying he conceived the Constitution founded on the strictest principles of true policy and liberty.

Carl B. Cone concludes:

> The urgings of Price and the specific recommendations he made, considering the fame of the man and his close friendships with many of the leaders of American affairs at this period, ought not to be neglected in any attempt to bring together the various factors and influences that combined to produce the Constitution of the United States.[69]

In January 1786, the British prime minister, William Pitt, wrote to Price:

> The subject of the papers which I enclose will I am sure be an apology for the liberty I take in troubling you, and in requesting your opinion upon them. When you have had sufficient leisure to consider them, I should be greatly obliged to you, if you will allow me to hope for the pleasure of seeing you at any time that is convenient to you. The situation of the revenue certainly makes this the time to establish an effectual Sinking Fund... Before I form any decisive opinion, I wish to learn your sentiments upon [the plan I now send you]; and shall think myself obliged to you for any improvement you can suggest.

In response, Price put forward alternative proposals to those sent to him by Pitt. These were based on Price's work over many years, and are thoroughly treated by D.O. Thomas, who concludes:

> Whatever views may be held as to the general undesirability of maintaining a large volume of public debt, it can, I think, be argued that

---

[69] Ibid., p. 747.

> given the beliefs and attitudes common in his time there was considerable merit in Price's advocacy of debt redemption... In all this Price was applying to public matters the private morality that commended itself to the Dissenters... [I]f it is rightly supposed that the faith which the public came to have in Pitt's financial skills was a major factor in the avoidance of disaster it must, I think, be conceded that Price had no small part to play in the creation of confidence and its attendant prosperity.[70]

Among other important political groups, Price was a leading member of the *Society for Commemorating the* [1688] *Revolution in Great Britain*. Its informal title of *Revolution Society* tended to cause its eminent and radical members to be perceived in the public mind, often justifiably, as supporting contemporary Jacobinism. Price had declined an invitation to preach a sermon at the November 4, 1788 centenary on grounds of his ill health.

In October 1788 Price wrote to Jefferson, United States representative in Paris:

> What is now passing in France is an object of my anxious attention... [A]s far as it is a struggle for a free constitution of government and the recovery of their rights by the people I heartily wish it success

Jefferson kept Price fully informed of developments in successive letters in May, July and September 1789.

With portentous timing, in early July 1789 Price's nephew, George Cadogan Morgan, William's brother, who also had come to live with Price in London, landed with friends in Calais to tour Europe. In his later reminiscence, George wrote of observing on his journey to Paris "vast tracts of land devoted to the enjoyment of the nobles by a wasteful tyranny, while there was no trace of that ease and indolence which distinguished the farmers and their ladies in England, and an absence of all sight of the opulence of a middle class". He wrote of: "hard-working peasants cultivating with incessant toil every inch of ground even to the ditches, of women laden with heavy burdens, of swarms of soldiers and priests".[71]

They reached Paris on July 9, and visited Versailles on July 12, without expectation of untoward events. Back in Paris the same evening, George recalled:

---

[70] D.O. Thomas, op. cit., ch. 12.
[71] Caroline Williams, op. cit., p. 97.

> We went to the theatre and there on the raising of the curtain the manager came forward to say we were to have no play, and being asked why, he replied that the people at the door commanded it. All the streets leading to the Palais Royal were blocked, the cry *aux armes* resounded from thousands of throats. The Dragoons, it was said, were firing on the citizens, and the people rushed off to the scene of action, leaving the Palais Royal deserted for a time. Alarmed by the approach of shrieking bands we returned to the citadel of our hotel.

They took advantage of the lull after the Bastille fell on July 14th to proceed on their journey. They continued to Lyon, Marseille, Geneva, and the Alps, returning home down the Rhine. At every point, they were pressed for news of events in Paris. Dr. Rigby, physician of Norwich, and one of George's companions, recorded in apparent contrast to George's reflections:

> I have been much pleased with the country, and I have been delighted with the people – industry, cheerfulness and good sense are conspicuous marks in their character. The late political event, so important to their future welfare, has been brought about by the courage and perseverance of the middle ranks, who appear to me more enlightened here than with us.[72]

The news of revolution in France was received with rapture by millennialists, radicals and dissenters, and also by Price. The progress of the Revolution in France hitherto had so far been relatively restrained compared to the terror that was to follow. For the November 4, 1789 anniversary meeting of the *Revolution Society*, Price was again invited to preach, unleashing the last great controversy of his life.

He introduced his *Discourse on the Love of our Country*, at the Old Jewry meeting house, on the text of Psalm 122: "Our feet shall stand within thy gates, O Jerusalem… ". His *Discourse* described how truth, virtue and liberty, being the chief blessings of human nature, ought to be the principal interest to which each country aspires.

His remarks are important, being among his last major addresses, and therefore are reproduced here at some length. Price continues:

---

[72] Ibid., p. 107.

> By the diffusion of knowledge [our country] must be distinguished from a country of barbarians; by the practice of religious virtue, it must be distinguished from a country of gamblers, atheists, and libertines: and by the possession of liberty, it must be distinguished from a country of slaves….
>
> We are met to thank God for that event in this country to which the name of *The Revolution* has been given, and which, for more than a century, it has been usual for the friends of freedom and more especially Protestant Dissenters to celebrate with expressions of joy and exaltation… By a bloodless victory the fetters which despotism had long been preparing for us were broken, the rights of the people were asserted, a tyrant expelled, and a sovereign of our own choice appointed in his room. Security was given to our property, and our consciences were emancipated. The bounds of free enquiry were enlarged… Had it not been for this deliverance, the probability is that, instead of being thus distinguished, we should now have been a base people, groaning under the infamy and misery of popery and slavery.

Price adduces three principles for which, he says, "We have, therefore, on this occasion, peculiar reasons for thanksgiving":

> First, the right to liberty of conscience in religious matters. Secondly, the right to resist power when it is abused. And Thirdly, the right to choose our own governors, to cashier them for misconduct, and to frame a government for themselves.

He concludes:

> What an eventful period this is! I am thankful that I have lived to see it, and I could almost say, *Lord, now lettest thou thy servant to depart in peace, for mine eyes have seen thy salvation.* I have lived to see a diffusion of knowledge which has undermined superstition and error. I have lived to see the rights of men better understood than ever, and nations panting for liberty, which seemed to have lost the idea of it. I have lived to see thirty millions of people, indignant and resolute, spurning at slavery, and demanding liberty with an irresistible voice, their king led in triumph, and an arbitrary monarch surrendering himself to his subjects.
>
> After sharing in the benefits of one Revolution, I have been spared to be a witness to two other Revolutions, both glorious. And now, methinks, I see the ardour for liberty catching and spreading, a general amendment beginning in human affairs, the dominion of kings changed for the

> dominion of laws, and the dominion of priests giving way to the dominion of reason and conscience.
>
> Be encouraged, all ye friends of freedom and writers in its defence! The times are auspicious. Your labours have not been in vain. Behold kingdoms, admonished by you, starting from sleep, breaking their fetters, and claiming justice from their oppressors! Behold, the light you have struck out, after setting America free, reflected to France and there kindled into a blaze that lays despotism in ashes and warms and illuminates Europe!

The same evening, the Society adopted a resolution reflecting its principles, and Price moved a congratulatory Address to the French National Assembly, adding "ardent wishes of an happy settlement of so important a Revolution", transmitted by Lord Stanhope, read and acclaimed at the Assembly in Paris, and answered on its behalf by the Duc de Rochefoucauld, who wrote to Price:

> They have seen in that address the dawn of a glorious day, in which two nations who have always esteemed one another notwithstanding their political divisions and the diversity of their governments, shall contract an intimate union, founded on the similarity of their opinions and their common enthusiasm for liberty.

This was not to be the last word on the matter. Price's discourse prompted the eminent Whig politician Edmund Burke to publish in 1790 what Conor Cruise O'Brien calls his 'fierce polemic' of *Reflections on the Revolution in France*. Fennessy suggests:

> The general feeling in political circles was that Burke, though eloquent and ingenious, went too far in his opinions; too far in his total and systematic opposition to the French revolution; too far in his attack on the dissenters and reformers; too far in his apprehensions of danger to the English constitution, too far in making public scenes, and breaking friendships on an issue that need never have been publically debated at all.[73]

O'Brien says that what saved Burke's reputation was the progress of the Revolution in the direction which he had foretold, opening the door over

---

[73] Fennessy, *Burke, Paine and the Rights of Man* (The Hague, 1963), pp. 193–4.

time for Burke to reproach Pitt's Government for its pragmatic attitude and lack of counter-revolutionary zeal.

Burke's outburst prompted Thomas Paine to write in 1791 in the first part of his *Rights of Man*, and before the 1793–94 terror in France, to which Paine himself later fell victim:

> Not sufficiently content with abusing the [French] national Assembly, a great part of [Burke's] work is taken up with abusing Dr. Price (one of the best-hearted men that lives)… Mr. Burke, speaking of [Price's 1789] sermon says 'The Political Divine [Price] proceeds dogmatically to assert, that, by the principles of the Revolution, the people of England have acquired three fundamental rights: '1. To choose our own governors. 2. To cashier them for misconduct. 3. To frame a government for ourselves'.
>
> Dr. Price does not say that the right to do these things exists in this or in that person, or in this or in that description of persons, but that it exists in the WHOLE; that it is a right resident in the nation. Mr. Burke, on the contrary, denies that such a right exists in the nation, either in whole or in part, or that it exists anywhere…

Paul Frame says:

> There were those who came to believe that Burke's criticism contributed to Price's demise. In 1795 Abigail Adams wrote to her husband, Vice-President John Adams, that one of Burke's insinuations had 'killed Good Dr. Price'.[74] … Among those closest to Price, however, sentiments were markedly different. According to his nephew William Morgan, 'the rancorous invectives of Mr. Burke… neither disturbed the tranquility of his mind, nor had any other effect on him other than convincing him that the violent passions of the author had deranged his understanding'.[75]

Burke's *Reflections* spurred a strong rejoinder from Mary Wollstonecraft, pioneer champion of the rights of men, and of women, and a congregant and admirer of Price, in the form of a *Letter to Edmund Burke*:[76]

> In reprobating Dr Price's opinions you might have spared the man; and if you had but half as much reverence for the grey hairs of virtue as for the

[74] Paul Frame, op. cit., p. 243.
[75] Morgan, op. cit., p. 164.
[76] Wollstonecraft, *A Vindication of the Rights of Men* (London, 1790).

> accidental distinctions of rank, you would not have treated with such indecent familiarity and supercilious contempt, a member of the community whose talents and modest virtues place him high in the scale of moral excellence.

She concludes:

> Had Dr Price's sermon not lighted some sparks very like envy in your bosom, I shrewdly suspect that he would have been treated with more candour; nor is it charitable to suppose that anything but personal pique and hurt vanity could have dictated such bitter sarcasms and reiterated expressions of contempt as occur in your Reflections.

Conor Cruise O'Brien is kinder to Burke, his fellow Irishman. O'Brien recalls that Burke was of an old-established family in Ireland – there was nothing "Anglo" about him. His mother was Catholic, and it is suggested that his father seems to have conformed to the Established Church only as late as 1722, which one was obliged to do to practise law in Dublin. He recalls the "tradition" that Burke and his wife, Jane, a child also of a "mixed" marriage, were married at a Catholic ceremony in Paris.

O'Brien suggests that if Burke as a Whig cherished, at least in theory, the Glorious Revolution [of 1688], Burke as an Irishman, with close emotional bonds to the conquered, detested the Protestant ascendancy which that Revolution had imposed on the people of his country in the wake of King William's success at the Battle of the Boyne. He contrasts the passion of Burke's *Reflections* with his earlier public speeches on the untroubled harmony of Ireland's connection with Britain, which O'Brien regards as:

> proof of the tension that long existed between Burke's public *persona*, and so important a part of his feelings as that which concerned his people and the land of his birth. This tension was released by the French Revolution, and specifically by the welcome given to that Revolution by Dr. Price and his friends. For [they], by placing the French Revolution in line with the [1688] English one, were reminding Burke of how revolutionary, how anti-Catholic, and to him how alien had been the English revolution… It is as if the words and actions of Price and his friends had awakened, within that reasonable elderly Whig, a slumbering Jacobite.
>
> Obviously it is not suggested that Burke was politically a Jacobite… The point here is that he was emotionally in sympathy with the Catholics

> of Ireland, whose Jacobite loyalty was at the root of the penalties still being imposed on them in Burke's time... The author of the *Reflections on the Revolution in France* wrote in the *persona* of an Englishman – which is in itself a cause of confusion – but was in fact Irish to the marrow of his bones.[77]

Burke's dread of revolution was plain in relation to both Ireland and France. Writing in 1796 to his friend and compatriot Dr. Thomas Hussey, a Catholic bishop in Ireland, Burke said: "we regarded as the great Evil of our time the growth of Jacobinism, and we were very well assured that from a variety of causes no part of these Countries were more favourable to the growth of that Evil than our unfortunate Country [Ireland]".

John Adams wrote to Price in May 1789: "There are few portions of my life that I recall with more satisfaction than the hours I spent at Hackney, under your guidance, and in private society, and conversation with you at other places".[78] However, in contrast to many of his London friends, the Vice-President had strong reservations over later developments in France. He told one correspondent that in revolutions, "the most fiery spirits and flighty geniuses frequently obtained more influence than men of sense and judgment; and the weakest man may carry foolish measures in opposition to wise ones proposed by the ablest". McCullough concludes that: "ahead of anyone in government, and more clearly than any, Adams foresaw the French Revolution leading to chaos, horror, and ultimate tyranny." France, Adams said, was "in great danger".[79]

Burke was partially vindicated in some of his *Reflections on the French Revolution*, as the early excitement of the millennialists dwindled before rising terror in France, as the executions of the king and queen led to further executions of revolutionaries, as mutual enmity with England escalated towards war, to heightened fears of treason in England, and to the eventual emergence of Bonaparte's empire. Burke was already dead when the rebellion he foresaw in Ireland duly transpired in 1798.

---

[77] Conor Cruise O'Brien, introduction to Edmund Burke, *Reflections on the Revolution in France (1790)* (London, 1985), pp. 35–41.

[78] Peach & Thomas, *The Correspondence of Richard Price, Volume III*, cited by Frame, op. cit., pp. 95–96.

[79] David McCullough, *John Adams* (New York, 2001), ch. 8.

Price died in April 1791, at the cusp of millennial and romantic exhilaration at the initial promise of the revolution in France. Just three months later, the tide turned, as apprehension arose in England over developments in France, and liberal and dissenting thinkers came under increasing suspicion. A "Church and King" mob destroyed Priestley's intricate, unique and important laboratory in Birmingham on July 14th, the second anniversary of the fall of the Bastille.

Priestley and his family moved to London amid considerable concern for their physical safety, and he was appointed to fill Price's pulpit. In 1794, he emigrated to America, to an eventually safer residence at the confluence of the two branches of the great Susquehanna river in Pennsylvania, where his house and laboratory are carefully preserved. According to Iolo Morganwg's friend and biographer Elijah Waring, Iolo reported that he attended Priestley's embarkation for America, "and was one of the last persons the Doctor conversed with upon British ground".[80]

What did the new America, which Price helped to create, mean for Wales?

Gwyn A. Williams says that "Politics in Wales begin with the American Revolution… The war turned many Welsh Dissenters... into spiritual Americans within British society". And the magnet of America was irresistible for many of Prince Madoc's countrymen.[81] At home, with the advancing industrial revolution, the dissenting and Jacobin traditions were an important influence on nineteenth-century Welsh political radicalism.

Over the ocean, hundreds of emigrant Welsh families flocked to newly independent America to escape poverty, and in search of economic, religious and civic freedom. They settled in Pennsylvania and the rich lands of the Ohio and beyond, and raised children such as William Bebb to be governor of the state.

Price was the product of a profound and powerful Welsh cultural and educational background. His vision and his influence grew to inform the highest councils of spiritual and radical political endeavour of his day and beyond. The movements which he adorned with unassuming tenacity and brilliance accomplished and foreshadowed pioneering social progress,

---

[80] *Recollections and Anecdotes of Edward Williams, The Bard of Glamorgan* (London, 1850), p. 134.

[81] Gwyn A Williams, *Madoc: The Legend of the Welsh Discovery of America* (Oxford, 1987).

political emancipation, and economic justice based on high moral principle. Wales, England, America and the world are the happy beneficiaries of his extraordinary legacy.

Chronological Summary of the principal Published Works of Dr. Richard Price[82]

1758 *A Review of the Principal Questions in Morals; Particularly Those Respecting the Origin of Our Ideas of Virtue, Its Nature, Relation to the Deity, Obligation, Subject-Matter, and Sanctions*, London, 1758 (3rd edition 1787): (modern edition, ed., D.D. Raphael, Oxford 1974)

1767 *Four Dissertations. On Providence, On Prayer, On the Reasons for Expecting that Virtuous Men shall Meet after Death in a State of Happiness, On the Importance of Christianity and the Nature of Historical Evidence and Miracles*, London, 1767. (2nd edition 1768).

1771 *Observations on Reversionary Payments; On Schemes for Providing Annuities for Widows, and for Persons in Old Age, on the Method of Calculating the Values of Assurances on Lives; and on the National Debt*, London, 1771. (4th edition 1783).

1772 *An Appeal to the Public on the Subject of the National Debt*, London, 1772. (2nd edition 1774).

1776 *Observations on the Nature of Civil Liberty, the Principles of Government, and the Justice and Policy of the War with America*, London, 1776.

1777 *Additional Observations on the Nature and Value of Civil Liberty, and the War with America*, London, 1777.

1778 *Two Tracts on Civil Liberty, The War with America, and the Debts and Finances of the Kingdom*, London 1778. (modern edition: *Two Tracts on Civil Liberty*, New York 1972).

1783 *The State of the Public Debts and Finances at Signing the Preliminary Articles of Peace in 1783 with a Plan for Raising Money by Public Loans & for Redeeming the Public Debts*, London, 1783.

1784 *Observations on the Importance of the American Revolution, and the Means of Making it a Benefit for the World*, London, 1784; Boston 1874.

---

82 Adapted and augmented from the Bibliography in: Jack Fruchtman, Jr, "The Apocalyptic Politics of Richard Price and Joseph Priestley", (1983) 73(4) *Transactions of the American Philosophical Society*.

1787 *Sermons on the Security and Happiness of a Virtuous Course, on the Goodness of God and on the Resurrection of Lazarus*, London 1787; Philadelphia 1788.

1787 *The Evidence for a Future Period of Improvement in the State of Mankind, with the Means and Duty of Improving It, In a Discourse Delivered on Wednesday, the 25th of April, 1787, at the Meeting House in the Old Jewry, London, to the Supporters of a New Academical Institution Among Protestant Dissenters*, London, 1787.

1789 *Discourse on the Love of Our Country, Delivered on November 4th, 1789 at the Meeting House in the Old Jewry, to the Society for Commemorating the Revolution in Great Britain*, London, 1790.

Selected annotated bibliography of useful books and articles

1790 Edmund Burke, *Reflections on the Revolution in France*, (London; Penguin edition 1968) introduced by Conor Cruise O'Brien. The introduction is a painstaking review of Burke's politics and motivations especially emphasizing the influence of his Irish background.

1815 William Morgan, *Memoirs Of The Life Of The Rev. Richard Price*, (London). Memoir by Price's nephew, who lived and worked with him in London.

1850 Elijah Waring, *Recollections and Anecdotes of the Bard of Glamorgan, or Iolo Morganwg B.B.D*, (London, 1850). An entertaining and informative memoir of Iolo Morganwg by his friend, Elijah Waring, with multiple anecdotes of the times, and of Price's circle in Wales and England.

1893 Caroline E. Willliams, *A Welsh Family from the Beginning of the 18th Century*, (Women's Printing Society, London). Memoir by a collateral descendant of Price's family containing additional material on Price's life.

1924 Roland Thomas, *Richard Price, Philosopher and Apostle of Liberty*, (Oxford). A competent brief presentation of Price's life and work, emphasizing his profound impact on his epoch-making times, and focusing also on his Welsh connections.

1948 Carl B. Cone, "Richard Price and the Constitution of the United States", (1948) 53(4) *The American Historical Review*, assesses the impact of Price's work on discussions leading to adoption of the Constitution.

1952 Carl B. Cone, *Torchbearer of Freedom: The Influence of Richard Price on Eighteenth Century Thought*, (Lexington KY, 1952). Workmanlike review of Price's ideas on political and religious liberty, and their impact on his times.

1966 Verner W. Crane, "The Club of Honest Whigs: Friends of Science and Liberty", (1966) 23(2) *William and Mary Quarterly* (3rd Series), 210–233. Describes the role, composition and transactions of this and other contemporary intellectual clubs in London.

1977 D.O. Thomas, *The Honest Mind: The thought and work of Richard Price*, (Oxford). Penetrating analysis of the relationship between Price's moral philosophy and its influence on his work. Re: the United States, see his earlier short volume *Richard Price and America,* (Aberystwyth, 1975).

1979 Bernard Peach, *Richard Price and the Ethical Foundations of the American Revolution*, (Durham, NC). Selections from Price's writings, with appendices, interpreted in an introductory essay.

1985 Gwyn A. Williams, *When Was Wales?*, (London). Together with his *Madoc* (1979), and his *Search for Beulahland* (1980), a fluent and informative account of Price's times, and of the importance of his contribution to "The Atlantic Revolution", including its impact on Wales.

1992 Philip Jenkins, *A History of Modern Wales, 1536–1990*, (New York). A comprehensive analysis, including interesting reflections on Price's annual visits to Wales.

1993 Geraint H. Jenkins, *The Foundations of Modern Wales, 1642–1780*, (Oxford). A thorough account of the historical context in Wales of Price's times.

1998 Prys Morgan, "Richard Price o Dŷ'n Ton, Llangeinor (1723–91)", article in *Llynfi ac Afan, Garw ac Ogwr*, (Llandysul). An excellent and comprehensive introductory article on Price in Welsh, with brief biography, assessment and very helpful notes.

2005 Jack Fruchtman Jr, *Atlantic Cousins: Benjamin Franklin and his Visionary Friends*, (New York). Drawing also on his thorough account of "The Apocalyptic Politics of Price and Priestley" (*American Philosophical Society*, Philadelphia, 1983), describes the relationships between Franklin, Price, Priestley, Rush, Marat, Condorcet, Mirabeau, Brissot and others.

2005 Geraint H. Jenkins, *A Rattleskull Genius: the Many Faces of Iolo Morganwg*, (Cardiff). Essays on Iolo's relationship with radical and romantic leaders of his day including Price, Godwin, Coleridge, Southey and others.

2008 Steven Johnson, *The Invention of Air*, (New York). A lively and accessible account of the life and work of Price's close associate, Joseph Priestley.

2008 Gary Kowalski, *Revolutionary Spirits: The Enlightened Faith of America's Founding Fathers*, (New York). Short essays on the faith professed by the American founders, including reflections on their relations with Price and Priestley.

2009 David Andress, *1789 : The Threshold of the Modern Age*, (New York). A broad-ranging study of the events culminating in 1789 in America, France, and Britain, including the response of Price and others to the French Revolution and its aftermath.

2011 Sharon Bertsch McGrayne, *The Theory that would not Die*, (New Haven). An illuminating account of the "Bayes Rule" in probability theory, of Price's key role in its development and publication, and in its wide-ranging modern applications.

2012 Nate Silver, *The Signal and the Noise*, (New York). An entertaining yet serious analysis of why many predictions fail, and why some do not, leading to an insightful description of the accelerating contemporary relevance of Bayes' and Price's intellectual legacy.

2013 Jill Lepore, *Book of Ages: The Life and Opinions of Jane Franklin*, (New York). A fascinating biography of a little known woman much influenced by Price's writings, who maintained an extensive affectionate correspondence with her distinguished brother.

2014 Diane Jacobs, *Dear Abigail: The intimate lives and revolutionary ideas of Abigail Adams and her two remarkable sisters*, (New York), recounts John and Abigail Adams's reflections on and close personal relations with Price and others of his circle in London.

2015 Paul Frame, *Liberty's Apostle: Richard Price, his Life and Times*, (Cardiff). A recent, thorough and very readable biography in the *Wales and the French Revolution* series.

HOW TWO U.S. SUPREME COURT JUSTICES OF WELSH DESCENT SAFEGUARDED THE COURT AND THE U.S. CONSTITUTION IN 1937

Margaret Hughes West

Introduction

JUSTICES Charles Evans Hughes (1862–1948) and Owen Roberts (1875–1955) together played a critical role in preserving the power and prestige of the U.S. Supreme Court during the presidency of Franklin Delano Roosevelt. Charles Evans Hughes was born to a Welsh minister father in Glens Falls, New York State. Owen Roberts was the grandson of a Welsh immigrant who established a gristmill in Pennsylvania. The two men served as Supreme Court Justices when "New Deal" laws were enacted in an effort to lessen the suffering of the Great Depression. When the Court began to invalidate some of these laws, President Roosevelt proposed a plan to appoint additional justices who would support his policies, thus threatening a constitutional crisis.

IN October 1929 the stock market crashed, falling farther and faster than ever before or since. Fortunes were lost, businesses failed, factories closed and soon America, like the rest of the world, sank into the Great Depression. The United States was in distress. Republican President Herbert Hoover thought this was a recession that would correct itself without government intervention. He believed in American individualism, that hard work brought rewards and that the expansion of government would destroy initiative and character. He was opposed to handouts and his economic policies were too little and too late.

Franklin Delano Roosevelt ("FDR") was elected President in 1932 to lead the country out of the worst economic crisis in American history. By the time he took office in 1933, at the depth of the Depression, a third of the workforce was unemployed, industry was all but paralyzed, farmers were desperate and most of the banks had shut down. Poverty and hunger were widespread. Shantytowns and breadlines showed the desperation of the people. In his first inaugural address, Roosevelt was decisive: "This Nation asks for action, and action now. We must act and act quickly". During the famous "Hundred Days", from March to June 1933, the Administration got Congress to enact a flood of new laws, "some of which aimed at economic recovery [and others of which] only obliquely related to combating the Depression", but all of which "reflected FDR's penchant for action, his inclination to experiment, and his receptivity to all kinds of innovation".[1] Roosevelt used the federal government's powers to bring about the Nation's recovery in what he called the "New Deal". New Deal legislation expanded federal government regulation of the economy, finance and banking. The U.S. went off the gold standard. New government agencies were set up to re-organize industry and agriculture. Public funds were spent in order to revive the economy. In radio "Fireside Chats" he explained issues and policies and re-assured the nation. "Roosevelt had lifted himself from his wheelchair to lift this nation from its knees".[2]

Roosevelt's economic legislation was far-reaching and novel. It marked the beginning of a pivotal period in U.S. constitutional history. There was a great sense of urgency. Laws were hastily drafted and enacted. In time, many of these new laws were challenged on various constitutional grounds: that they gave too much legislative power to the President or interfered with the power of the states over interstate commerce.

In the 1930s the conventional wisdom was that the Supreme Court was highly conservative in its views, hidebound and reactionary. In a long line of cases since the 1890s the Court had protected private property and freedom of contract while limiting the power of the federal government. This approach benefited business and financial interests, most newspaper publishers, advocates of small government and states' rights supporters but undermined the New Deal. It was as if the government was told to stay out of the protected zone of private business.

However, America was changing. According to Harvard law professor Laurence Tribe:

> When the Supreme Court, from 1900 to 1937, struck down dozens of child labor laws, minimum wage laws, working condition regulations, and laws protecting workers' rights to organize unions, on the ground that

---

[1] Kennedy, David M., *Freedom From Fear: The American People In Depression and War, 1929–1945* (New York, 1999), pp. 153–154.

[2] Smith, Jean Edward, *FDR* (New York 2007).

> such rules infringed on property rights and violated " liberty of contract", the only rights the Court really vindicated were the rights to be overworked, underpaid, or unemployed. The Court eventually reversed itself on these issues when it recognized that, in twentieth century America, such laws are not intrusions upon human freedom in any meaningful sense, but are instead entirely reasonable and just ways of combating economic subjugation.[3]

This was the context when two Americans of Welsh descent won appointment to the U.S. Supreme Court. Charles Evans Hughes and Owen Roberts became Supreme Court justices within a few months of one another in 1930. Both were nationally known conservative Republicans before being nominated by President Hoover.

Hughes entered public life in 1905 bursting upon the world "with the suddenness of an eruption"[4] with his role as a public investigator for the state of New York. He fascinated the public and the press from that time on. He served as Governor of New York, U.S. Secretary of State, judge on the Permanent Court of International Justice, Associate Justice of the Supreme Court and very nearly President of the United States. In February 1930 Hughes was nominated to the Court for the second time. He had served with distinction decades earlier as an Associate Justice. Despite that, his nomination was met with a surprising degree of resistance. There was opposition in the Senate and a bitter dispute in the press. He was said to have amassed "untold wealth" and to be in the pocket of corporate America. This was surprising in view of the fact that as an Associate Justice from 1910 to 1916 he had often voted as a liberal. But 1930 was not a good time to be associated with Wall Street. In due course, however, Hughes was confirmed by a vote of 52 to 26. He served as Chief Justice of the Supreme Court from 1930 to 1941.

In contrast, when Hoover named Roberts, the Senate, unanimously, approved his nomination within minutes. The previous nominee, Southern conservative John J. Parker, had been rejected by the Senate by just two

---

[3] Tribe, Laurence H., *God Save This Honorable Court: How the Choice of Supreme Court Justices Shapes Our History* (New York, 1985), pp. 10, 11.

[4] *The Power of Image: Charles Evans Hughes in Prints, Photographs and Drawings from the Supreme Court Collection*, U.S. Supreme Court, Washington, D.C. http://www.supremecourt.gov/visiting/ThePowerOfImage.aspx.

votes. Both the Hughes and Parker disputes had less to do with them as individuals than with the battle over property rights versus human rights. When Roberts' name was suggested, he was a figure who offended no sensibilities; moreover there was a desire on the part of an exhausted Senate to get the matter settled.

Like Hughes, Roberts had investigated and prosecuted corruption, in his case, relating to the "Teapot Dome" scandal. His efforts had sent a former cabinet member to prison for accepting bribes while in office. So Roberts became known as the "Fighting Welshman", and at the peak of his fame won confirmation from the Senate in May 1930. He served until 1945. The accession of Hughes and Roberts was destined to be part of the constitutional upheaval of the 1930s.

Both men were educated in top schools and were highly successful. Hughes was a towering presence, known internationally and well on his way to being one of the most accomplished figures of the century. He was thought to be aloof and cold, incorruptible and unapproachable. Roberts was the opposite, at ease with everyone. He lacked Hughes' distinguished stature but he had his own integrity.

When Hughes and Roberts joined the Court in 1930, it was divided between the conservatives – "the Four Horsemen of the Apocalypse" New Deal opponents: Willis Van Devanter, James Clark McReynolds, George Sutherland and Pierce Butler – and the liberals: Louis Brandeis, Harlan Fiske Stone and Benjamin Cardozo. The conservatives were all born soon after the Civil War, shaped by the Gilded Age and trusting in laissez-faire economics. They were nineteenth-century men who argued that the government should leave the marketplace alone. In the middle were Chief Justice Hughes and Owen Roberts. It was often Roberts' vote that was decisive. Hughes sought consensus. The Four Horsemen could not prevail without Roberts or Hughes. The liberals needed both of them. Hughes therefore usually felt compelled to vote with Roberts.

Roberts voted independently and, by 1931, he and the new Chief Justice Hughes were often characterized as "unreliable members of the so-called liberal majority." They were also described as "the roving justices" since they sometimes voted with the Four Horsemen and sometimes with the three liberals.

Roberts was the question mark of the Court. In 1930, he was considered a conservative, but he often voted with the liberals. Roberts' decisions were arrived at on a case-by-case basis. Nobody could figure him out. He was nicknamed " Five to four Roberts."

Fig. 1: Justices of the Supreme Court
Back row, left to right: Roberts, Butler, Stone, Cardozo
Front row: Brandeis, Van Devanter, Hughes, McReynolds, Sutherland

In 1935 Roosevelt introduced another round of legislation, this time covering old age pensions and unemployment insurance. Circumstances were dire. In 1936 Roosevelt was re-elected with the greatest presidential landslide seen in over a century, "the most overwhelming testimonial of approval ever received by a national candidate in the history of the nation".[5] He was confident that the people had given him a clear mandate. But there were setbacks.

FDR was increasingly seen as high-handed and cavalier. "Many of Roosevelt's contemporaries saw dictatorship and revolution where the majority of Americans saw leadership and a democratic resurgence".[6] No one wanted an imperial presidency. Hitler's rise in Germany and events in

---

[5] Arthur Krock, Chief Washington Correspondent for the *New York Times*.

[6] Leuchtenberg, William, *Franklin D. Roosevelt and the New Deal 1932–40* (New York, 1963).

Italy at the time provided powerful lessons about the need to limit a leader's power. The impetus for reform had begun to slow. The honeymoon period was over. Opposition grew towards "That Man in the White House," a "traitor to his class".[7]

In *Nebbia* v *New York*,[8] writing for the Court in a 5 to 4 decision, Roberts upheld the price-setting activities of the New York State Milk Control Board and provided the legal foundation for government regulation of business "affected with a public interest". Roberts is said to have paced the floor of his home until the early morning hours in the process of deciding which way he would vote.

Justice McReynolds wrote to former Solicitor General James Beck that *Nebbia* marked "the end of the constitution as you and I regarded it. An alien influence has prevailed".[9] Meanwhile, anxious New Dealers sighed with relief, but their optimism proved to be premature.

New Dealers' cheers faded when from 1935 to 1937 the Court struck down major pieces of New Deal legislation. Chief Justice Hughes spoke for a unanimous Court in 1935 in invalidating the National Industrial Recovery Act of 1933 as unconstitutional. The Act was one of the principal New Deal statutes regulating minimum wages, maximum hours and workers' rights. It was a huge blow for the President. The date, 27th May, 1935, became known to New Dealers as "Black Monday".

Next to fall was the Agricultural Adjustment Act ("AAA") of 1933. New Dealers tried to reduce farm supplies and raise crop prices by paying farmers to leave land idle. There were signs that this "planned scarcity" was helping to relieve suffering. Funds for the program came from middlemen, millers, cotton textile manufacturers and other processors. In 1936 the Supreme Court in a 6 to 3 vote declared the "AAA" unconstitutional. Roberts wrote the majority opinion. The reaction was such that in Ames, Iowa, six figures in black robes were hung in effigy by angry farmers.

In January 1937 Roosevelt began his second four-year presidential term. He was smarting from Supreme Court rulings that declared New Deal

---

[7] Ward, Geoffrey, *Before the Trumpet: Young Franklin Roosevelt, 1882–1905* (New York, 1963).

[8] (1934) 291 U.S. 502.

[9] April 10, 1934. Quoted in Cushman, Barry, *Rethinking the New Deal Court: The Structure of a Constitutional Revolution.* (New York, 1998).

measures invalid. In nine major New Deal cases, the Roosevelt administration had been defeated seven times. This came as no surprise to informed observers.

Roosevelt, however, viewed it as essential to have a Court that would uphold his fiscal and labour legislation. He believed that three elections had clearly shown public support for his New Deal and that the Court needed to get in line. "The people are with me" was his refrain. But Roosevelt had appointed none of the justices and they, he thought, were not.

There was growing fear that conservatives on the Supreme Court bench were undermining the New Deal. It was the most elderly Supreme Court bench ever, with an average age of seventy one. There was a growing disrespect for the justices. Roosevelt mulled over solutions. He bided his time until public outcry made it politically expedient to do something about "the nine old men" who were blocking the will of the people.

The size of the Court was not prescribed by the Constitution but by Congress. There were never more than ten justices. In the nineteenth century, the numbers had ranged from six to ten, before stabilizing in 1869 at nine. In this Roosevelt saw an opportunity. He decided to seek legislation that would add more justices, chosen by him, who would give him the backing he needed. It was not a new idea. Presidents Grant and Taft had attempted similar schemes.

In January 1937, Robert Jackson, then Assistant Attorney General, gave a speech at the annual meeting of the New York State Bar that was critical of the Court.[10] The talk was widely circulated and criticized. It was wrongly assumed that Jackson was strategizing with the President or that this was some kind of trial balloon. Rumours abounded that some action was in the works to "deal" with the Court.

On Tuesday, 2nd February, the White House hosted the annual dinner for the Supreme Court, a grand affair with eighty-five guests. After dinner Justices Hughes and Van Devanter moved their chairs next to FDR and chatted amicably over brandy and cigars.

The following Friday, 5th February, 1937, in a stunning and precisely-managed surprise attack, Roosevelt announced a plan designed to displace "the nine old men" of the Supreme Court and to bring into the Court new

---

[10] Jackson, Robert, *That Man: An Insider's Portrait of Franklin D. Roosevelt: A Newly Discovered Manuscript by Supreme Court Justice Robert H. Jackson,* edited and introduced by John Q. Barrett, (New York, 2003). p. 50.

blood of his choosing. His plan, named "the Judicial Reorganization Bill," was to provide retirement with full pay for all members of the Court over 70. If a justice refused to retire, an assistant with full voting rights was to be appointed. In no case would there be more than 15 justices. Six of the justices were over seventy.

The President rationalized his proposal as an attempt to ease the workload of the aging justices. He claimed that the Court could not keep up with the volume of work and was plagued with delays. What was most surprising was that FDR chose to attack the Court itself and the elderly justices, rather than their out-dated opinions.

Roosevelt plotted his attack in secret, which turned out to be a tactical error. Attorney General Cummings and Solicitor General Stanley Reed ("not the sharpest knives in the legal drawer," according to one historian) worked on the plan. Many thought Roosevelt had been too clever by half. Nobody was fooled. His disingenuous rationale came back to haunt him. He is said to have delighted in the fact that this proposal had once been suggested before by James McReynolds, then President Wilson's Attorney General and now FDR's most intransigent opponent and one of "the Four Horsemen."

Roosevelt had a reputation for handling Congress masterfully, but in this instance even his own Democratic party had not been consulted. There was an outburst of protest, from Congress and the public, condemning Roosevelt for attempting to destroy the delicate "checks and balances" between the legislative, judicial and executive branches. Even Senate progressives defected, asking "Shall the Congress make the Supreme Court subservient to the Presidency?". Senator Burton Wheeler, an early supporter of Roosevelt, was the consensus choice to lead the opposition. And a member of the press asked "Surely Mr. Roosevelt's mandate was to function as the President, not as Der Fuehrer?".

Roosevelt pushed ahead. He discussed his proposal with Senators at the White House, and gave speeches and press conferences defending it. In March, for example, Robert Jackson gave brilliant testimony to the Senate Judiciary Committee in defence of Roosevelt's plan. Debate was fierce. Once it became clear that the President sought a fundamental change in the judicial branch, the majority of the population was opposed. "God save the Court" was a fervent prayer. Public sentiment was further stirred up by the press. A full-blown constitutional controversy was underway.

Even opponents agreed the plan was constitutional. Roosevelt's longtime colleague from his New York State years,[11] now his Secretary of Labor, Frances Perkins,[12] thought the plan was a rare failure of the President's "political judgment" and that it would never have seen the light of day if Roosevelt's most trustworthy aid and advisor, Louis Howe, had not died in April 1936. Howe, who described himself as resembling a "medieval dwarf", was everything that Roosevelt was not in looks and family background. But all agreed that Roosevelt would not have made it to the White House without Howe's political savvy. Howe could be trusted to act in the President's best interest. Not so Attorney General Homer Cummings, who Perkins saw as "author, instigator and persuader of this whole Supreme Court plan" in order to advance Cummings' own chances of being named to the Court.[13]

Justice Brandeis was not at the grand dinner on 2nd February, but, on the morning of the surprise announcement, Tommy Corcoran, a close advisor to the President and a friend of Brandeis, asked Roosevelt. "What about Brandeis?". It was decided that Corcoran should grab a cab outside the Treasury and head across town (a White House limo would arouse suspicion). He did so, bursting into the justices' robing room (and getting disapproving glances from Hughes). In the hall, Corcoran gave Brandeis the press release. "Tell your president he has made a great mistake. All he had to do was wait a little while. I am sorry for him",[14] said Brandeis. The justices were listening to oral arguments when the announcement was distributed to them. All the Supreme Court Justices were hostile. Brandeis, "Old Isaiah" to FDR, the oldest at age 81, was deeply wounded. He had been the most dedicated New Deal supporter of all the justices, in a sense

[11] FDR served as Governor of the State of New York from 1928–1932. Charles Evans Hughes served as Governor from 1907 to 1910. Roosevelt had crossed party lines to vote for Hughes.

[12] Frances Perkins was the first female cabinet member in the U.S. Her life-long mission was to better the condition of workers through social legislation.

[13] Downey, Kirstin, *The Woman Behind the New Deal: the life of Frances Perkins, FDR's Secretary of Labor and His Moral Conscience* (New York, 2009), p. 262.

[14] Tommy Corcoran said he did not ask what Brandeis was referring to. Was it the *West Coast* decision? Already known to the Court but not announced? Or was it the resignation of Devanter or Sutherland? Both wanted to retire in 1933 but delayed (ironically) because of a new law limiting pensions.

the original New Dealer. Owen Roberts, at age 61, the youngest justice, would not have been personally affected by the bill. Yet he decided to resign if it were passed. It fell to Chief Justice Hughes, tasked with representing the Court to the world and to the other branches of government, to respond. NBC and Ed Murrow of CBS offered Hughes the opportunity to respond but he declined.

Chief Justice Hughes "ran the Court as it was never run before."[15] He was compared to Toscanini conducting an orchestra. Owen Roberts described him as an "Administrative Master." It is widely acknowledged that he showed a mastery of the art of presiding over the Court, a genius at pulling the Court together. He laid great store upon the "deployment of his army".[16] For example, Benjamin Cardozo was known to have had a heart attack before his appointment to the Court. Hughes knew that Cardozo went to work on his opinions immediately after getting his assignments on a Saturday night. So Hughes made a practice of delaying Cardozo's assignment slip until Sunday, so his work would start on Monday, a normal part of the (shorter) work week. Not wanting Cardozo to know his health was being shielded, Hughes did the same for fellow Justice Van Devanter, a neighbour of Cardozo.

In March 1937 the Senate Judiciary Committee asked Chief Justice Hughes to testify. Hughes consulted with Brandeis. They decided it was inappropriate for a Supreme Court Justice to testify before another branch of government, but that Hughes should write a letter that made clear that the Court was keeping up with its work. The Court's own records showed that workload was not a problem. Hughes focused wisely on Roosevelt's tactical blunder in pretending he wanted to ease the caseloads of the justices. Senator Wheeler stopped by to pick up the letter from Hughes on Sunday afternoon, 21st March. "The baby is born," said Hughes, "I am interested in the Court as an institution. And this proposed bill would destroy the Court as an institution."[17] Hughes continued:

---

[15] Edwin McElwain in 63(1) *Harvard Law Review* at 26; cited by Pusey, Merlo J., *Charles Evans Hughes,* vol. 1 (New York, 1951), p. 677.

[16] Pusey, *Charles Evans Hughes,* vol. 1, p. 678.

[17] Solomon, Burt, *FDR v. The Constitution: The Court-Packing Fight and the Triumph of Democracy* (New York, 2009), p.150.

> If we had an Attorney General in whom the President had confidence, and in whom the Court had confidence, and in whom the people had confidence, the story might have been different. But the laws have been poorly drafted, the briefs have been poorly drawn, and the arguments have been poorly presented. We've had to be not only the Court but we've had to do the work that should have been done by the Attorney General.[18]

Chief Justice John Roberts spoke admiringly of Hughes for giving an understated, very clear and very polite response to FDR in 1937, saying that, in a quiet way, Hughes presided over the New Deal.[19]

Hughes cared deeply about the continuity, prestige, and tradition of the Court. He was also an astute politician. The best politician in the country, Roosevelt once said. So Roosevelt should have been forewarned. When the Hughes letter was read the next day it had a devastating impact. It had been more than a hundred years since a chief justice had taken an active role in a public controversy. Chief Justice Hughes not only documented that the Court was fully abreast of its work, but he also described how adding more justices would slow down the work of the Court. "More judges to hear, more judges to confer, more judges to discuss, more judges to be convinced and to decide".[20] The plan to "pack the Court" was not going well. "This Baptist plays poker", Roosevelt later re-called.

Meanwhile there was another development. In *West Coast Hotel* v *Parrish*,[21] Justice Owen Roberts cast the deciding vote in a major case that marked a shift in the Court's approach. This proved to be his most famous judicial act. The watershed decision upheld the constitutionality of a Washington state minimum wage law and ended the so-called *Lochner* era in constitutional law. In the *Lochner case*, the Court had struck down a

---

[18] Wheeler, Burton K., *Yankee from the West* (New York, 1962), pp. 327–329. Quoted in Smith, Jean Edward, *FDR*. (New York, 2007), p. 386, of unbound galleys.

[19] Lecture by Chief Justice John G. Roberts, Jr., "Charles Evans Hughes: Chief Justice 1930–1941," The Supreme Court Historical Society and The Historical Society of the New York Courts, New York, N.Y., November 20, 2015.

[20] The full text of the Hughes' letter to Wheeler is in the Hughes' Papers at the U.S. Library of Congress. It also appears as Appendix C of the Adverse Report of the Senate Judiciary Committee on Bill S.1392, 75th Cong., 1st Sess. (Washington, D.C.: U.S. Government Printing Office, 1937).

[21] (1937) 300 U.S. 379.

New York law regulating the number of hours that employees could work each week in the baking industry. It was argued in *Lochner* that the state law violated free market principles. In the *West Coast Hotel case*, the Supreme Court concluded that, in the light of "recent economic experience" such statutes were justified because they prevented "the exploitation of a class of workers in ways detrimental to their health and well being".

Roberts' vote was memorable not only because it was the decisive vote in a landmark case but because he had previously voted to strike down similar regulations on a number of occasions. It seemed that an unexpected about-face by the Court had taken place. Roberts' most recent vote was described "with splendid malice" [22] as the "switch in time that saved the nine".[23] The description was not accurate, but it stuck.[24]

Roberts had no knowledge of Roosevelt's court-packing plan at the time he cast his vote.[25] Before Christmas 1936, the Court had voted 4 to 4 in the *West Coast Hotel case*. Roberts had voted to uphold the Washington minimum wage law along with Hughes, Brandeis, and Cardozo. But the

---

[22] Judge Louis Pollak in his article *Philadelphia Lawyer: A Cautionary Tale,* 1997.

[23] Laurence Tribe says this phrase came from New Deal lawyer Abe Fortas, later a Justice himself.

[24] Brands, H.W., *Traitor To His Class: The Privileged Life and Radical Presidency of Franklin Delano Roosevelt* (New York, 2008), p. 474. The formula stuck, for it captured both the change on the court and the fact that the change deprived Roosevelt of his reason for reforming the court.

[25] The "switch" came before the court-packing plan. "He assumed the bench during one of its most tumultuous periods, when a Nineteenth Century understanding of economic liberty was running head-on into the Twentieth Century reality of the Great Depression and the need for government regulation of the economy. Roberts recognized this clash... he joined four other justices in *West Coast Hotel Co.* v. *Parrish*, 300 U.S. 379 (1937), to uphold a state minimum wage law, thereby overruling *Adkins* v. *Children's Hospital,* 261 U.S. 525 (1923), signaling the end of the *Lochner* Era… Roberts' vote in the *West Coast Hotel case* was one of the most significant legal decisions of the Twentieth Century and provided the underpinning for the government's ability to regulate commerce to the extent that most take for granted today." Excerpt from Roberts' biography at the firm he founded in Philadelphia: Montgomery McCracken web site: http://www.mmwr.com/home/about-the-firm/our-history/owen-j.-roberts---a-short-biography---/default.aspx .

decision was withheld until Harlan Stone returned in February after recovering from dysentery. Although the opinion was not handed down until after Roosevelt's court-packing plan was announced, Roberts had cast his vote earlier.[26] And he had voted before, in another case, in favour of upholding state legislation that had been enacted to address the worst effects of the Great Depression.[27]

The *West Coast Hotel* decision was handed down on Easter Monday, March 29th, 1937. Before the day's session ended, the justices had announced three other decisions that upheld various recent pieces of New Deal legislation, all by unanimous vote. Foes of the court-packing plan christened the day "White Monday."

On Monday, April 12th, Hughes and Roberts again joined the liberals, giving the Court a 5 to 4 vote, sustaining the right of collective bargaining under the National Labor Relations Act of 1935, in *National Labor Relations Board* v *Jones & Laughlin Steel Corporation.* A few weeks later the Court upheld provisions of the Social Security Act.

It was widely believed that these pro New Deal decisions helped defeat the court-packing bill in Congress. "Is Justice Roberts the real ruler of the United States?" read a headline in 1931. In 1937 his opinion still mattered the most. Some said it was the Roberts Court not the Hughes Court, that defined the meaning of the Constitution in his hands or "As Justice Roberts goes, so goes the Supreme Court."(*Wall Street Journal*)

Justice Roberts' "Switch" in Voting Patterns in 1936–1937

In 1937 Roberts was harshly criticized by the public for switching sides.

> In large measure, however, it was the economic realities of the Depression that graphically undermined *Lochner*'s premises. No longer could it be argued with great conviction that the invisible hand of economics was functioning simultaneously to protect individual rights and to produce a

[26] Chief Justice John Roberts referred to this in a talk on Chief Justice Hughes in New York on November 20, 2015, suggesting it is now the accepted view. Lecture by Chief Justice John G. Roberts, Jr., "Charles Evans Hughes: Chief Justice 1930–1941," The Supreme Court Historical Society and The Historical Society of the New York Courts, New York, N.Y.

[27] *Home Bldg & Loan Assn* v *Blaisdell* (1934) 290 U.S. 398.

> social optimum. The legal "freedom" of contract and property came increasingly to be seen as an illusion, subject as it was to impersonal economic forces. Positive government intervention came to be more widely accepted as essential to individual, family, and community survival, and legal doctrines would henceforth have to operate from that premise.[28]

Merlo Pusey interviewed Roberts on 21st May, 1946 after he left the Court. It was Hughes, not the "switch", that was the ostensible subject matter. A handwritten notebook marked confidential was discovered in 2015 by historians going through Pusey's papers at Brigham Young University.[29] The interview shows that Roberts had mixed motivations, political, strategic and legal in changing his voting patterns in 1936 and 1937. This supports what Pusey had written earlier in his Hughes biography:

> The one thing certain is that there was no sudden shift from conservative to liberal thinking on Roberts' part. Before 1937 he was on the liberal side of the Court in the *Blaisdell*, *Nebbia* and *West Coast Hotel* and gold-clause cases. Since there was no extreme stretching of federal power between 1937 and 1941, his acceptance of the federal legislation coming before the Court in this period can be reconciled with his former record without reflecting on his courage or his integrity.[30]

Just as the economic crisis provided an impetus to evolving legal doctrines, so, too, did political factors.

> Moreover, Roosevelt's power of appointment would eventually have produced the result he desired anyway; by 1941, only Justice Roberts remained among the pre-Roosevelt Justices. Nevertheless, political pressures no doubt played some role in the timing of *Lochner*'s decline, as was perhaps to be expected with a doctrine cutting against the grain of so deep a shift in economic and social perception.[31]

---

[28] Tribe, Laurence H., *American Constitutional Law* (3d ed., 2000), pp.1358–1361.
[29] Carter, Edward L. and Adams, Edward E. *Justice Owen J. Roberts on 1937.* 15 Green Bag 2D 375, 2012.
[30] Pusey, *Charles Evans Hughes,* vol. 2 (New York, 1952), p. 771.
[31] Tribe, *American Constitutional Law*, pp.1358–1361.

Debates over the manner of interpreting legal texts have been held since the very beginning of our constitutional government and they continue today. "Originalists" favour focusing on the original meaning of the text to be interpreted. Others favour an interpretation based on a living, evolving constitution.

One recurring theme in the writings of all constitutional theorists is this: Over time, one way or another, sometimes by constitutional amendment, sometimes by shifting societal and judicial interpretation reflecting the outcome of a national debate, sometimes by judges shaping and changing their opinions, the Constitution is in fact interpreted (as it must be) to meet the needs of American society.

The story of how the Supreme Court in the 1930s came to accept the validity of FDR's New Deal legislation is a classic example of this phenomenon. Over time, Justice Roberts shifted his understanding and interpretation of the Constitution, to come to grips with changing conditions in the country.[32]

There is a wide range in the sophistication, grace, scholarship, wit, and persuasiveness with which different judges make subtle and not-so-subtle changes in the law. And there are widely-varying ways of stating this point, including one-liners such as: Judges (and the meaning of the Constitution) respond to the felt necessities of the time, such as "the life of the law is not logic but experience" or "weighing the considerations of social advantage" (Oliver Wendell Holmes).

Roberts did not do a good job of explaining himself. Justice Harlan Stone remarked "A sad chapter in our judicial history". Had Roberts explained himself more fully the ending might have been happier for him. Instead his name was associated with the term "switch" with all its negative connotations of unprincipled behaviour, political opportunism, expediency and lack of integrity.

Frances Perkins understood, perhaps more than anyone else in the country, the need for change. She had the ear of Roosevelt (as his long-time aide) and Roberts (as a family friend). Perkins did not think the Justices were intimidated by Roosevelt's threats to pack the Court. She thought the Court had ruled differently because the justices had simply come to see the

[32] See the bibliography for references to Richard Posner and Edmund Ursin on how judges think. I am grateful to colleagues, Edwin E. Huddleson and Andra Nan Oakes of Washington, D.C., for guidance on these and other constitutional issues.

issues differently. "Perkins also had been talking frequently with Roberts about the legal issues while visiting his wife at their Washington home".[33]

Robert Jackson, later a Supreme Court Justice, agreed with Frances Perkins:

> I think that the Court in the early days had felt that the New Deal was a sporadic and passing thing; that the people of the country hadn't really in 1932 given a mandate for it. I think that when the 1936 election came about, Justice Roberts, and perhaps some of the others, felt that such measures were a real-felt necessity on the part of the people of the country and that the Court ought not to strive to support objections to it.[34]

There were many theories put forward to explain Roberts' perceived "switch", most pejorative. Some believed that Roberts was a pawn of the White House. Roosevelt and Cummings thought he had changed sides because of the Court bill. The year before, Roberts had been considered as a Republican nominee to run against Roosevelt. Many thought Roberts' "switch" might have something to do with his frustrated political ambitions.[35] His "switch" put him in step with his own party that now supported minimum wage legislation. Columnist Drew Pearson wrote that Elsie Roberts, seeing that her husband's position was more powerful than that of the President, told family members that Owen's duty "is to use his position to stabilize the country."

Others thought that he had been pressured by Chief Justice Hughes,[36] or at least that Hughes created a bridge for Roberts to cross. Roberts described

---

[33] Downey, Kirstin, *The Woman Behind the New Deal: the Life of Frances Perkins, FDR's Secretary of Labor and His Moral Conscience* (New York, 2009), p. 264.

[34] Reminiscences of Robert Jackson, pp. 485 ff. In 1937, Jackson was an Assistant Attorney General. Later he served as the U.S. Prosecutor at the Nuremberg trials following World War II. Telford Taylor, a Chief Prosecutor at the Nuremberg trials wrote that he tried unsuccessfully to have Roberts nominated as the American judge on that court. Owen Roberts turned down a request to serve at Nuremberg. However, he sat on several key war crimes cases of the 1940s.

[35] Roberts' name came up as a possible Republican presidential nominee in 1936, 1940, 1944 and 1948.

[36] Fred Rodell of Yale Law School is quoted as having said: "It was generally understood at the time that Hughes gave Roberts a third degree of the sort that would not be tolerated today." Remarks at the Marist College Symposium on the

Hughes as "the greatest of a great line of Chief Justices". Much later, Justice Felix Frankfurter claimed that Roberts said that he had switched sides to please the Chief. Perhaps he misinterpreted what Roberts had said. In 1937 Frankfurter was critical of Roberts and contemptuous of Hughes. He later, as a Supreme Court Associate Justice, regretted his judgment on Roberts' motivation and wrote an article defending Roberts.[37]

The public demeaning of Roberts infuriated Hughes. He was steadfast in defending Roberts' integrity and legal reasoning. He not only resented the false accusation, but also was appalled by the implicit attack on his colleague's character.[38]

Charles Evans Hughes denied reports that he pleaded with Owen Roberts to save the National Labor Relations Board although his biographer says he was delighted to have Roberts' concurrence. "And as to Justice Roberts, I feel that I am able to say with definiteness that his view in favor of these decisions of the Court would have been the same if the President's bill had never been proposed. The Court acted with complete independence".[39]

Roberts's wife was a girlhood friend of Frances Perkins. After hearing of the Court decisions on March 29th, Perkins went to Roberts' home and is said to have hugged him and exclaimed: "Owen, I am so proud of you. I'm just so delighted to know you. I'm proud of you. I think this is marvelous. A man of your standing and intelligence who is not afraid to change his mind". Roberts replied, "Really, do you think so? You know, it was very possible to differentiate between this case and some of the earlier cases. I can explain it to you. They were not exactly the same".[40]

> Owen's wife told Frances that her husband has been visited that summer at his farm in the Pennsylvania Dutch country by Chief Justice Hughes who engaged him in a heart-to-heart conversation over several days, poring over court documents together.[41]

Court-Packing Plan (Oct. 14, 1967).

[37] Simon, James F., *FDR and Chief Justice Hughes*, (2012), p. 327.

[38] Ibid.

[39] Pusey, *Charles Evans Hughes*, vol. 2, (New York, 1952), p. 768.

[40] Downey, *The Woman Behind the New Deal: the Life of Frances Perkins, FDR's Secretary of Labor and His Moral Conscience*, p. 264.

[41] Ibid., p. 264. Reminiscences of Frances Perkins, 1955. Columbia University Oral History. https://clio.columciba.edu/catalog/4073399.

Hughes initiated the visit. Almost all the time was spent in conversation. Frances Perkins recalls Elsie Roberts' account. "They walked up and down that terrace for hours . . . I said to myself, Owen is no walker. His feet will drop off. What in the world is the Chief Justice talking to him about so much?" Twice she called them in for tea. Twice they replied: "Just a minute", and kept on talking. After dinner the men again left the wives and spent the evening in Roberts' library. They continued to talk there the following morning.[42] Elsie Roberts and Antoinette Hughes, meanwhile, were forced to conduct their own, unplanned conversation, discussing their children, servants, gardens, the weather and Washington gossip. While the two men talked on and on, Elizabeth Roberts admitted that she and Mrs Hughes "got to the end of our rope".[43]

Thc Hughes-Roberts visit at Bryncoed appears to have been a significant turning point. We know of it only because of a taped, oral interview Francis Perkins did when she was in her seventies. She recalled what Elsie Roberts had shared with her years before. The visit has been written up in recent books and is the subject of scholarly legal articles. We may never know what they talked about in the hours together, but we can only guess that implicit in the discussion was a shared set of values, the highest level of trust that came with their common but distinct cultural identity, an innate sense of justice and a dedication to further the common good. Later, Roberts changed sides, giving the Court the majority it needed to support Roosevelt's legislation.

> This story has considerable intuitive, human appeal, and even though it was introduced into the literature only in 2005, it quickly has become a staple in popular and scholarly efforts to explain the Court's behavior in 1937.[44]

Hughes does not mention the visit to Bryncoed in his biographical notes. Roberts said that Hughes was a stickler for propriety; he would not usually discuss Court matters outside of the Court conferences.

---

[42] Shesol, Jeff, *Supreme Power: Franklin Roosevelt vs. The Supreme Court* (New York, 2010), pp. 232, 233.
[43] Simon, James F., *FDR and Chief Justice Hughes*.
[44] Cushman, Barry,. *The Hughes-Roberts Visit*, (2012) 15 Green Bag 2D 125. Notre Dame Law School Legal Studies Research Paper No. 1338.

There was yet another very plausible reason for the appearance of a "switch".

> The changed temper of American democracy may have subconsciously influenced the thinking of some judges. But no other factor seems to be as important as the changes in the character of the legislation passed.[45]

The New Deal laws of the early thirties were hastily drafted with little regard for their constitutionality. It is arguable that it was the loose assertion of unlimited federal power that caused the Court's reverses of 1935 and 1936. Later, greater care was taken in drafting bills. Merlo Pusey, Hughes' biographer, says that "the real change that came about was in the lawmaking itself." Congress and the President had required "a few jolts" from the Supreme Court before they learned " howto frame constitutional laws." In a lecture in 1951 that Roberts gave at Harvard Law School, he said:

> Looking back it is difficult to see how the Court could have resisted the popular urge for uniform standards throughout the country – for what in effect was a unified economy.[46]

Justice Frankfurter described him as "exquisitely modest" and wrote:

> I do not believe there ever was a man on this Court who was less concerned 'to be understood' about his judicial conduct than was Roberts.[47]

After he left the Court in 1945, Justice Frankfurter persuaded Roberts to draft a memo of explanation. Frankfurter made it public months after Roberts' death in 1955. Roberts made two points: that his votes in two

[45] Pusey, *Charles Evans Hughes*, vol. 2, p. 768.
[46] Roberts, Owen, *The Court and the Constitution,* The Oliver Wendell Holmes Lectures, 1951.
[47] Solomon, Burt, *FDR v. The Constitution: The Court-Packing Fight and the Triumph of Democracy*, p. 209.

cases were consistent and that he had not changed his vote because of FDR's court-packing plan.[48]

> For almost sixty years Owen Roberts has been pilloried for the "Switch In Time." I think that one who criticizes him – as I do – for the decisions leading up to the 'Switch' ought to acknowledge that the Justice deserves praise for having had the gumption to change his mind. Roberts was an honest man. He was honest with himself.[49]
>
> As Roberts summed up: "I have no illusions about my judicial career. But one can only do what one can. Who am I to revile the good God that he did not make me a Marshall, a Taney, a Bradley, a Holmes, a Brandeis or a Cardozo.[50]

Hughes might maintain "The President's proposal had not the slightest effect on our decision." But Roosevelt saw it differently. He thought his court-packing threat had prompted the Court to vote the way he wanted. The Court had given the President the answers he wanted. Roosevelt claimed that a "good part of that objective has already been obtained temporarily" and the White House had "lost the battle but we won the war."

The Court decisions ended the Senate's debate on the court-packing bill.

In Congress the bill was prevented from coming up for a vote. It was abandoned in July 1937. Roosevelt had suffered a huge defeat, a bitter pill, made more difficult to swallow because the defeat came largely from his own party. His prestige suffered. He was no longer seen as invincible before Congress or the public.

The outcome was a happy one for the Court and for Hughes. "The victory in the Court fight of 1937 belonged not to Roosevelt but to Hughes, to the constitutional separation of powers, an independent judiciary, and the

---

[48] Judge Louis Pollak writes that Roberts ceding to this request: "…One can sense how grievously Roberts' later years on the Court must have been overshadowed by the "'Switch In Time' calumny when one thinks of the loss of dignity the Justice must have felt as he drafted the exculpatory memorandum".

[49] Judge Louis Pollak, Owen J. Roberts Memorial Lecture, "Philadelphia Lawyer: A Cautionary Tale" (1996) *University of Pennsylvania Law Review*, 157.

[50] Justice Frankfurter, quoting Roberts, unattributed quotation, in the December 1955 issue of the *University of Philadelphia Law Review*.

law."[51] Harold Ickes, Secretary of the Interior, remarked: "The whole world knows that, while at first it appeared that the President would be strong enough to carry his reform through Congress, he was out-maneuvered in the end, largely by Chief Justice Charles Evans Hughes." Who had won it wasn't exactly clear. Looking back, Robert Jackson said the Hughes letter, "did more than any one thing to turn the tide in the Court struggle."[52] The Hughes letter provided the most powerful ammunition in shooting down Roosevelt's court-packing scheme. But the bond between Hughes and Roberts was critical. Hughes could not have done it alone. His old friend Owen Roberts was there.

The Bond between Charles Evans Hughes and Owen Roberts

From the beginning, there was a friendly relationship between the two men, based on mutual respect. Hughes wrote a letter warmly welcoming Roberts to the Court. He was thirteen years older than Roberts, and took the junior member of the Court under his wing, becoming a kind mentor to him. The votes cast by Roberts during the time that he and Hughes served together, do not support the patronizing view that Roberts was simply a lackey of Hughes, fawning or obsequious. On the contrary, Roberts was described by Hughes as "a most engaging personality as well as a lawyer of ability, forcefulness and forensic skill".[53] They often voted on the same side; "Hughberts" was the term sometimes used by contemporaries. In a tribute Hughes wrote for Roberts' fortieth college reunion in 1935, Hughes described Roberts' "amiability and cooperation". Roberts had high praise for Hughes saying he "dominated the court by reason of the power and keenness of his intellect".[54]

When the Court moved from the old Senate Chamber in the Capitol building to the new Supreme Court building in 1935, Hughes and Roberts were the only two justices who regularly worked in the new building.[55] The others continued to work from their homes. During the eleven years they

[51] Smith, Jean Edward, *FDR,* bound galley, p. 388.
[52] Jackson, Robert, an Assistant Attorney General, later a Supreme Court Justice.
[53] Pusey, *Charles Evans Hughes,* vol. 1, p. 669.
[54] Pusey, Roberts Interview, Box 13, LTPSC.
[55] Knox, John, "Foreword," in *The Forgotten Memoir of John Knox: A Year in the Life of a Supreme Court Clerk in FDR's Washington.* (Chicago, 2002), p. 10.

worked together, Hughes described Roberts as a "most agreeable" companion. When Roberts broke his shoulder in a fall from a horse in 1931, Hughes visited him in the hospital every weekday for three weeks. When Owen Roberts' daughter was married in 1938 at Bryncoed, the Roberts' farm, Hughes and his wife attended the wedding, as did Justices Stone and Black. Years later, in 1945, when Roberts resigned from the Court he wrote to Hughes: "To work under you was the greatest experience and the greatest satisfaction of my life. When you left the Court, the whole picture changed. For me it could never be the same."[56]

Fig. 2: Hughes (left) and Roberts at the wedding of Elizabeth Roberts to Charles Hamilton (Photograph from the Private Collection of Owen Roberts Hamilton)

The two men had much in common: Welsh Nonconformist cultural heritage, raised as Baptists; both had burst onto the public stage as fighters of corruption and injustice; both rose through merit, graduated from leading law schools (Hughes from Columbia School of Law at age 22, Roberts from University of Pennsylvania Law School at age 23); both were considered suitable Republican presidential candidates. Both were noted

[56] Roberts' letter to Hughes at the time of Roberts' resignation from the Court.

for their self-discipline and remarkable memories. They were both social conservatives. Both were kind and empathetic to lawyers appearing before them. They both had a sense of humour, and were well-rounded, well-read and with wide interests. Both had an international outlook. Hughes was said to enjoy his family, his friends, his college and his church. The same could be said of Roberts. They were not cut off from what was going on in society. Hughes had four children: a son and three daughters. Roberts had one daughter. They had also suffered similar losses. Hughes lost an adult daughter who died of pneumonia. Roberts and his wife had three babies who did not survive.

Both made contributions to the field of civil liberties and race relations. Hughes and Eleanor Roosevelt arranged to move a concert by African-American contralto Marian Anderson from Constitution Hall to the Lincoln Memorial on the National Mall when the Daughters of the American Revolution refused to let her perform in their hall. (Hughes and fellow justices were present in the audience.) Roberts served as a trustee of Lincoln University, the first U.S. degree-granting, historically black university, before and after he served on the Supreme Court. Roberts voted against the forced internment of Japanese-Americans in World War II.

The Welshness of Charles Evans Hughes

Charles Evans Hughes was the son of a Welsh Baptist preacher father, the Reverend David Charles Hughes. "Charlie", as he was known as a boy, was born in Glen Falls, New York State on April 11th, 1862. His father had emigrated from Monmouthshire. He was shaped by the Wesleyan movement. Hugh Hughes from Caernarfon was Charles Evans Hughes' great-grandfather. He joined Howell Harris' "Holy Family", a religious community at Trefeca in mid-Wales and married Jane Owen there. Nathan Hughes, his grandfather was apprenticed to the printing trade at Trefeca. He wrote and printed a short biography of Harris. In 1828 he married Jane Evans from North Wales, and they moved to Tredegar. David Charles Hughes was the youngest of their six children. He became a printer before he became a preacher. He had read *The Autobiography of Benjamin Franklin* and was inspired by the idea of sharing the life and experiences of a free people in a republic of their own making. Although his plan was opposed by his family, he emigrated, arriving in New York City in 1855 at the age of 23. He became a Baptist shortly before his marriage to Mary Catherine Connelly, a Baptist and a schoolteacher before her marriage.

Their son, Charles Evans Hughes, was a precocious child and was largely home schooled. At age six, he wrote "the Charles Evans Hughes Plan of Study" to guide his reading and research and perhaps to persuade his parents to keep him out of school so that he would have more time to play. He had a photographic memory, was a fast reader, and a compulsive worker. At age thirteen he wrote "The Evils of Light Literature".

When he was eleven, the family made a trip to England, Wales and France. They headed first to Abertillery where they got a cold reception from Aunt Jane who had not forgiven her brother for emigrating. Uncles Jabez and John were kinder. Young Charles heard Uncle John Richard Hughes of Anglesey preach in Welsh (*hwyl*[57] and all) and is said to have been impressed. But, as an American, his Welsh family seemed foreign to him.[58] The archives of the St. David's Welsh-American Society of Washington, D.C., show that Hughes attended gatherings in Washington, D.C. and his wife was an active member.[59]

He was, however, first and foremost an American. In later years, when his name had become well-known in Europe, the Welsh effusively claimed him as their own, and the University of Wales twice offered him an honorary degree. He accepted neither the adoption nor the degree. While he greatly admired the character of the Welsh, he refused to forget the Dutch, Scots-Irish, English and German strains in his ancestry.[60]

The outlook and values of Hughes and Roberts were those common to the Welsh. The ordinary people of Wales had a sense of their natural rights. This was shared by men of education and drew the intelligentsia to support the cause of political liberty and human rights in the American colonies. For this reason America attracted Welsh immigrants who came to America inspired by ideals. Welshmen like Richard Price were acknowledged to be influential supporters of the American Revolution, writing, preaching and teaching, and communicating with Benjamin Franklin. Another notable Welsh supporter of American independence was the polyglot, William

---

[57] 'Emotional fervour', a common characteristic of Welsh sermons.
[58] Pusey, *Charles Evans Hughes*, vol. 1, p. 15.
[59] Personal communication, March 24, 2016. Hywel M. Davies, former President of the St. David's Welsh-American Society of Washington, D.C.
[60] Pusey, *Charles Evans Hughes*, vol. 1, p.15.

"Oriental" Jones, a judge in India, the father of linguistics, expert on Hindu and Moslem law. A third of those who signed the Declaration of Independence were of Welsh descent.

A historian of Wales has written that:

> The Law is among the most splendid creations of the culture of the Welsh. For centuries it was a powerful symbol of their unity and identity, as powerful indeed as their language, for – like the literary language – the law was the same in its essence in all parts of Wales.[61]

Welsh law was an oral body of folk law. It was not written down until it was codified under the rule of Hywel Dda in the tenth century. Welsh law was bent on resolving issues between the parties rather than imposing punishment or seeking revenge.

> For a thousand years, after the departure of the Romans, the people of Wales... lived according to their own laws... Then, for almost three hundred years after union with England under the Tudor dynasty, Wales had a distinct legal identity within which English law was dispensed by Wales's own discrete law courts, the Great Sessions... In each age, some have readily embraced the influences from outside, while others have despaired of the consequences of doing so. The tensions between the two approaches have succeeded in producing a Welsh legal culture which combines a readiness to assimilate what is good in other traditions with a jealous determination to preserve the best of one's own.[62]

The legal profession was often a stepping-stone to political office for Welshmen, as it was for British Prime Minister, Lloyd George. Wales has produced great lawyers: Lord Atkin of Aberdovey, Lord Morris of Borth-y-Gest, Lord Elwyn Jones, Lord Edmund Davies, and, most recently, Lord Thomas of Cwmgïedd (Lord Chief Justice of England and Wales). Jan Morris has written that lawyerliness, like poetry and oratory, seems to be in the DNA of the Welsh. Hughes and Roberts would share a culture and belief in fundamental principles as they have been understood by the traditions of Welsh people and Welsh laws.

---

[61] Davies, John, *A History of Wales,* (London, 1990), p. 88.

[62] Watkin, Thomas Glyn, *The Legal History of Wales*, (Cardiff, 2007), Preface.

The Career of Charles Evans Hughes

At age fourteen, Hughes went to Madison University (now Colgate) with the intention of preparing for the ministry. He transferred to Brown University when he was sixteen, and graduated Phi Beta Kappa in 1881. One biographer says that while at Brown he took some interest in lighter diversions. To earn money so that he could study law he took a teaching job at a private school. He apparently looked so shockingly young that he grew a beard, which he kept for the rest of his life. He attended Columbia Law School, graduating first in his class in 1884. He practised law in New York for twenty years with only a three-year break to teach law at Cornell University. He married Antoinette Carter, the daughter of a senior partner of the law firm where he worked; they had four children. Hughes defeated William Randolph Hearst, the flamboyant newspaper publisher (and model for the Orson Wells film, *Citizen Kane*), to become governor of the State of New York. New York was then the most populous state in the Union and holding office here was often seen as a precursor to the presidency. President William Taft nominated Hughes to the U.S. Supreme Court in 1910. He served as an Associate Justice from 1910 to 1916 when he resigned after being nominated by the Republican party to run for U.S. President. His name had been floated in 1912, but he had then publicly stated that he did not want the nomination.[63] He lost to Woodrow Wilson in a close race; so close that he went to sleep on Election Night thinking he was the president-elect.[64] Hughes was defeated by 23 electoral college votes. Wilson had the advantage of a popular belief that he had kept the U.S. out of the war in Europe. Months later, America entered the war.

After losing the Presidential election, Hughes returned to his law practice in New York. He returned to the Court as an advocate, arguing twenty-five cases within twenty-eight months.[65] He served as U.S. Secretary of State from 1921 to 1925. Hughes negotiated a peace treaty with Germany after

---

[63] Pusey, *Charles Evans Hughes*, vol. 1, pp. 300–301.

[64] When Hughes was called with the bad news, a staff member answered for him and said "The President is sleeping". The caller responded "When he wakes, tell him he is no longer the president". Many newspapers, including the *New York Times*, carried the error in headlines the next day. Pusey, *Charles Evans Hughes*, vol. 1, pp. 271–274.

[65] Ibid.

the Senate failed to ratify the Treaty of Versailles. He supported attempts to secure the U.S. entry into the League of Nations and he planned and then served as chairman of the Washington (D.C.) Disarmament Conference of 1921. The Washington correspondent for *The Times* of London referred to Hughes as "the most compelling figure among the Foreign Ministers of the post-war period", a fact most appreciated outside the United States.[66] He served in The Hague as a United States delegate to the Permanent Court of Arbitration from 1926 to 1930.

Fig. 3: Charles Evans Hughes (Library of Congress Prints and Photographs)

When he returned to the Supreme Court in 1930,[67] it was said that "Central casting could not have produced a better image of a Chief Justice, and his presence matched his appearance".[68] Beards were going out of fashion, but his became a part of his brand. He looked like God and he was often described as a "Minister of Justice", a commanding personality bordering on the imperious, and a true judicial statesperson who left a permanent legacy of protection and expansion of civil liberties. Hughes carried an aura of respectability and authority that no other statesman of his day could match – or that a president could deny.

[66] Ibid.

[67] The first lawyer to address the new Chief Justice was his son, Charles Evans Hughes, then Solicitor General, whose resignation upon his father's appointment was not yet effective. Pusey, Merlo J., *Charles Evans Hughes*, vol. 1, pp. 663–664.

[68] Chief Justice William Rehnquist.

Journalists and the public alike had been fascinated by the image of this striking new figure since he made a name for himself in 1905 as a seemingly incorruptible crusader with legendary intellectual powers. Fascination with him only grew as his career progressed, propelled by ever-great superlatives. "With his great white beard his appearance was Jovian. One expected him to hurl thunderbolts rather than to read opinions".[69]

Roosevelt's nickname for Hughes was "Charles the Baptist", apt in view of his uncompromising moral and ethical standards. Hughes was described in the contemporary press as cold and inhuman, "the bearded iceberg". "First, is he human?" a writer asked. His biographer paints a very different picture of a well-rounded and well-loved man, joyful with his family, friends and colleagues. Inside his head, he once joked, he hoped more would be found than sawdust and facts. He worked from nine in the morning until midnight. Several times during his lifetime his health suffered through overwork. His preacher father said, "At an early age I taught my son that a straight line was the shortest distance between two points." As Roberts observed, Hughes lived by rules, structuring his day with discipline, allotting time for exercise, reading and time with his wife, as well as work. Hughes "was a walker by nature and invariably walked one mile each morning with timing so precise that his neighbours could set their clocks based on when he passed by".[70]

> Both periods when Charles Evans Hughes served on the Court were marked by legislative innovations involving great extensions of government power over the economy and challenging traditional conceptions of the rights of the state and of individuals. The latter was particularly a period of great crisis for the nation and produced a fundamental challenge to the court itself.[71]

He had authored twice as many constitutional opinions as any other member of the Court. Justice Frankfurter (who served under him) remarked that "he took his seat at the center of the Court with a mastery, I suspect, unparalleled in the history of the Court". When he left the Court in 1941

---

[69] *The Power of Image: Charles Evans Hughes*.

[70] Ibid.

[71] Hendel, Samuel, *Charles Evans Hughes and the Supreme Court,* (New York, 1950).

"leaders of the nation vied paying tribute to one of the most remarkable figures to cross the American stage of public life since Lincoln. Superlatives were exhausted and figures of speech tried valiantly to dramatize his exit. But it remained for Thomas E. Waggaman, Marshall of the Court, to enunciate this gem: God must have gotten His formulas mixed, for he gave the Chief, more intellect than any mortal was supposed to have".[72]

When the fax machine was invented it was an image of Charles Evans Hughes, that of the most recognizable American in the world, that was used in the first transmission in 1924 from New York to London. It was called the "photoradiogram". In 1962, a U.S postage stamp was issued to commemorate his birthday. Books continue to be published examining his role. In 2015, a Charles Evans Hughes exhibit opened at the Supreme Court and Chief Justice John Roberts gave a rare public address that paid tribute to him.[73] His term is often ranked only behind that of John Marshall.[74] Robert Jackson remarked that the two great figures of his time were FDR and Hughes.

Hughes' funeral in 1948 was held at Riverside Church in New York City, attended by 1600 people including officials and judges, all paying tribute to one of the most prominent men of his century.

The Welshness of Owen Roberts

Owen Josephus Roberts was born in Germantown, Pennsylvania on May 2nd, 1875 of Welsh-German descent. His grandfather, William Owen Roberts, born on 20th April 1792, was said to be a miller in Wales who came to America from Llanbedrog, near Pwllheli, in North Wales, in 1808 or 1812. He settled on the banks of the Perkiomen Creek near Collegeville where he established a gristmill. He died on 3rd April, 1858. There were more Welsh settlers in Pennsylvania than in any other state and Roberts probably came with established contacts.

William Owen Roberts' wife was Margaret Heebner Rieff, a member of

---

[72] Judge Frank A. Picard, U.S. District Court, Eastern District of Michigan.

[73] *The Power of Image: Charles Evans Hughes.* Chief Justice John Roberts' lecture at The Historical Society of the New York Courts, November 20, 2015.

[74] Flanagan, James F., "Five Justices and Why They Left the Court for 'Better Positions' ", (2016) 41 *Journal of Supreme Court History*, No. 1.

the Schwenkfelder family. They came from Silesia to Saxony, then fled to Pennsylvania (1731–1737) seeking religious liberty.[75] His forbears are described as hard-working farmers. Margaret first married George Rieff. When he died in 1820, she was left with two young children. She married William Owen Roberts in 1822 when he was about thirty years old. They had five children together: David (b. 27 December 1823), a progressive farmer, William, Hannah, Daniel, and Josephus, who owned a carriage material business on Third Street in Philadelphia and was the father of Justice Roberts. Josephus Roberts married Maggie Laferty in 1864, and after her death in 1870 he married her sister Emma Laferty, in 1873. They had two children: Owen and his sister, Margaret, born in 1877.

On both sides of Owen Roberts' family, his forbears shared a Protestant work ethic. His father is assumed to have moved from manual labour to become an urban entrepreneur, an executive of the Roberts and Phillips Hardware Company.

> Roberts was educated as a young Philadelphia blueblood. Between his family's inherent sensibilities and his formal education arises the polarity that allows Roberts to avoid ideological labels and, through his life, to be an independent thinker.[76]

He was described as 'the passionate Welsh Covenanter' when his portrait was painted. It is not known if he ever saw or read this plaque in Philadelphia City Hall:

> Perpetuating the Welsh heritage, and commemorating the vision and virtue of the following Welsh patriots in the founding of the City, Commonwealth, and Nation: William Penn, 1644–1718, proclaimed freedom of religion and planned New Wales later named Pennsylvania. Thomas Jefferson, 1743–1826, third President of the United States, composed the Declaration of Independence. Robert Morris, 1734–1806, foremost financier of the American Revolution and signer of the

[75] In a handwritten letter to his daughter, Elizabeth, Roberts addresses her as Guinevere and signs off as the Baron of Silesia.

[76] Probert, Edwin N., II, *Owen Josephus Roberts: A Short Retrospective on a Favorite Son, Owen J. Roberts, Class of 1891, Justice of the Supreme Court.* This biographical sketch first appeared in the 1990–2002 issue of Germantown Academy's *The Patriot.*

> Declaration of Independence. Gouverneur Morris, 1752–1816, wrote the final draft of the Constitution of the United States. John Marshall, 1755–1835, Chief Justice of the United States and father of American constitutional law.

Thousands of Welsh emigrants had settled in Philadelphia. Roberts' grandson, Owen Roberts Hamilton observed that his grandfather said that the one thing he failed at was tracing his Welsh ancestry.[77] A notebook survives in which he gives an account of travel in Britain. There are numerous pages devoted to Ireland and a short entry with his observations as he travelled from Holyhead across to Chester then on to Oxford.[78]

Roberts described his heritage as follows:

> I can't claim the pure Anglo-Saxon blood that flowed from the Mayflower at Plymouth. My ancestors came on the Cauliflower, some early and some late. In some lines I am a recent immigrant to the United States. I bear in my veins Welch, Scotch, South Ireland and German blood—I am an American.

In 1929 Roberts and his wife bought a 700 acre farm in Birchrunville, Chester County within a few miles of his Welsh grandfather's mill and his maternal grandparent's home. They gave it a Welsh name, *Bryncoed.* With Elsie, his wife, he remodelled the farm, furnished it with antiques and filled it with friends. He knew "how to bucket a calf, and fatten hogs".[79]

---

[77] I am grateful to Owen Roberts Hamilton for generous help.

[78] An excerpt reads: "Crossed over Menai Straits on high enclosed bridge. Anglesea not very fertile country. Holyhead pretty important port; good deal large shipping there; N. Wales beautiful. Bluff hills looking out over sea. Many coast resorts. All brick built. Extend all along the coast to Rhyl. Pretty rugged country back from sea. Misty day could not see very far. Arr. Chester about 4:30… went to Cathedral for service after a walk partly around the walls wh. was interrupted by a sharp shower from which we took refuge on an inn porch… Saw R. Dee and old gates of walls. Barrack and court house… on Monday went to assizes. J Mathew was trying a rape case. Very interesting to see procedure of Eng. Courts."

[79] Probert, Edwin N., II, *Owen Josephus Roberts,* op. cit.

The Career of Owen Roberts

Owen Roberts ("Ownie" as he was known when young) was an outstanding student. After attending the private Germantown Academy, he studied Greek at the University of Pennsylvania and then went on to study law. This was an 'Ivy League' school: old, demanding and among the handful of America's most selective colleges.

After graduating from the University of Pennsylvania Law School in 1898, with highest honours, Roberts was appointed a teaching fellow at the law school. He was named a professor of law in 1907, a post he held until 1919. Over the course of his twenty years of teaching, Roberts also maintained an active private practice, served as the first assistant District Attorney of Philadelphia, and founded the law firm now known as Montgomery, McCracken, Walker & Rhoads. In 1918, Roberts accepted his first national position, when he was appointed Special Assistant United States Attorney to prosecute espionage cases in the Eastern District of Pennsylvania.

He married Elizabeth Rogers Caldwell and they had one daughter, Elizabeth. Roberts was raised a Baptist but, influenced by his wife, and perhaps his preferences, he later became an Episcopalian. "He had great humor, not the humor of satire or of the inane, but the humor to enjoy life".[80] When he was nominated to the Court, his wife, surprised, was interviewed by newspapers and a headline read "Roberts is jolly in his home life" and "Darling Around House". Detective stories were a passion of his. By the end of the first chapter he knew who had "done it".

In 1924, Roberts was appointed as Special Prosecutor of what became known as the Teapot Dome scandal.[81] It was the most notorious national political scandal before Watergate. He uncovered a complex scheme of bribery and favouritism at the highest levels of government. The investigation had dramatic elements: a bogus Canadian trading company, cross-country detective work, White House implications, and

---

80 Ibid.

81 The scandal was named for an oil reserve near a rock formation in Wyoming that looked like a teapot. Roberts was successful in winning a bribery conviction against Albert Fall, a former Secretary of the Interior. He was the first cabinet level official to go to jail in U.S. history. Hughes backed Roberts to be the Republican investigator.

illegal high finance and money laundering. A contemporary book describes the story as "a mammoth conspiracy… how it was exposed by the most remarkable feat of detective work in the annals of government… "[82] Investigative proceedings dragged on until 1929. Roberts' perseverance saved the government hundreds of millions of dollars in unearthing clues and facts to flesh out the case. He did the work free, but after the trial, received a modest compensation from Congress. Roberts won the high opinion of the press and of his fellow citizens. So "with the swiftness of lightning," he was a recognized hero. People liked the Welshman's ability to get at "the big boys."

When Roberts joined the Court he respected all his brethren.

> He voted his own mind, and sometimes it fell one way, and sometimes the other. Thus in a number of cases, such as *Nebbia*, and *Blaisdell*, and *West Coast Hotel* he adopted the 'liberal' view. In others he did not.

Roberts was said to be untheoretical. He was admired by Erwin Griswold, Dean of Harvard Law School, who described him as having "a very considerable flexibility of mind". He was modest about his legal brilliance. He did not have an original or innovative mind.

Roberts important function on the Court was to smooth the process of transition between the liberals and the conservatives on the Court.

> It was very nearly inevitable that the minority group would come in time to be a majority. If this had happened all at once, the shock might have been considerable. Moreover, it might have been much harder for the public to understand the process, and partisans of one group or the other might have been sharply opposed to each other. As it was, however, Roberts (and Hughes) came to the Court in 1930. A process of transition which had begun long before gained momentum, and then culminated over the next decade. The struggles he went through were shared by many others to whom they were intellectual, not fighting, problems. He helped to show to those who cared to look that we did not go through a "constitutional revolution" in 1937 but through a gradual constitutional

---

[82] Werner, M.R., and John Starr, *The Teapot Dome Scandal: The Gigantic Swindle of the Twenties and How it was Exposed by a Remarkable Feat of Detection*. (London, 1961).

development extending over many years.[83]

Roberts was known to be empathetic to the lawyers appearing before him as a Supreme Court justice. One account illustrates this point. Francis Biddle, a Philadelphian, was appointed Solicitor General in 1940 and tells of his first argument in the Supreme Court. He was unwell but went ahead, blacked out and lost everything, he says, but his sense of shame. Roberts, leaned forward, saying "I have read the briefs, but I am not sure I have the facts accurately. Will you correct me if I am wrong?". As Roberts stated the facts, Biddle's blank memory vanished, and the law of the case was easy for him to present.

Fig. 4: Owen Josephus Roberts (Portrait by Alfred Jonniaux) (US Supreme Court)

[83] Griswold, Erwin N., *Owen Roberts as a Judge,* (1955) 104 *University of Pennsylvania Law Review* 332

While Hughes seemed imperious, Roberts was gregarious, a man with a common touch. There are stories of him bounding out of the courtroom and tossing his robes to the attendant before racing off to work; of Brandeis and Roberts fingering new appliances and explaining them to Justice Butler when they moved to the new Supreme Court building. When the Court was in session, Roberts would periodically share a wisecrack with another Justice. He rode the trolley across town from his home in Georgetown. He ate in public restaurants and cafeterias. He and his wife entertained widely and well in Washington, cracking the isolated reserve of many a fellow Justice. Roberts was a tall, handsome, tobacco-smoking, smiling fellow who had a passion for life and what it had to offer – from walking the halls of political power to canoeing in the Poconos. He and his wife were much in demand socially. He was said to be different from the other Justices, his new colleagues, being affable, approachable, robust and jocular.[84] Elsie Roberts "had a sparkling wit and a sense of discretion which gave her husband agonies".

While on the Court, Roberts was twice appointed to chair what became known as Roberts Commissions. The first was in December 1941 when Roosevelt named him to head a five-man commission to fix responsibility for the Pearl Harbor disaster. The following year it issued a report highly critical of the military, finding that commanding officers were derelict in their duties.[85]

A second commission, formed in June 1943, focused on saving works of cultural value during World War II. Headquartered at the National Gallery in Washington, D.C., the group (which we know today as the "Monuments Men") was charged with promoting the preservation of cultural property in war areas including Europe, the Mediterranean and the Far East, providing that this mission did not interfere with military operations. The Roberts Commission issued its Report in 1946. The story of the Monuments Men, with allied heroes, Nazi thieves and great treasure hunts, was popularized in 2014 with the Sony Pictures and 20th Century Fox comedy-drama starring George Clooney and Cate Blanchett.

---

[84] Probert, op.cit.

[85] This report absolved Roosevelt of responsibility for the attack. Roberts served his President well. However, on one occasion, Roosevelt barely acknowledged Roberts at a White House function, reaching past him to shake Justice Stone's hand and say 'Thank God for you, Justice Stone'.

Roberts' most important contribution to the Court was in the area of civil liberties. In the *Korematsu case* in 1944,[86] Roberts was one of only three justices (Roberts, Robert Jackson and Frank Murphy) to vote against Roosevelt's orders for Japanese-American internment camps. The decision upheld the constitutionality of an Executive Order authorizing the detention of Japanese-Americans during World War II. Roberts argued that forcible detention was an euphemism for imprisonment and that Japanese-Americans were being punished solely on the grounds of their ancestry "without evidence or inquiry concerning (their) loyalty and good disposition towards the United States". *Korematsu* was one of the worst decisions in Supreme Court history, one of several infamous cases where the Court upheld restrictions on civil liberty. It was the product of war-time hysteria and has been condemned by Congress, later Presidents and history.[87]

Roberts resignation from the Court was "to make way for younger men".

> … what began as the highest honour that could come to a member of the bar was to become an increasingly difficult and unrewarding passage. In Roberts' last years on the Court he was the senior Associate Justice – and a marginal figure. By 1941 only Roberts remained of the pre-Roosevelt justices. When he left the court in 1945 his colleagues could not even muster up the minimum collective courtesy of sending the customary letter of appreciation and farewell.[88]

Roberts resigned instead of retiring so that he could not be called on for temporary assignments. In a letter to Frankfurter, he wrote that he would not return to Washington to avoid having to be polite to former colleagues.

He went where he was appreciated. Leaving the Court allowed Roberts to lend his name and his energies to varied civic endeavours. He served with dedication and without pay as Dean of the University of Pennsylvania Law School for three years. In 1951, he went to Oxford to be given an honorary Doctor of Civil Law degree. Also in 1951, at age 76, he became President of the American Philosophical Society, joining in a line that stretched back

---

[86] *Korematsu* v *US* (1944) 323 U.S. 214.

[87] See Stone, Geoffrey R., *Perilous Times: Free Speech in Wartime*, (New York, 2004), pp. 299–307.

[88] Pollak, Judge Louis H., (1997) 145 *University of Pennsylvania Law Review*, No.3, (January).

to Thomas Jefferson and Benjamin Franklin. He gave his time to innumerable causes from his church to mental health to race relations to the Boy Scouts to the Smithsonian Institution. He was the first president of the Atlantic Union Committee. He supported the idea of a governing body made up of the world's leading democracies, to secure peace.

From the time he bought Bryncoed it was a beloved home where the Roberts family spent all its available time. The family was active in many local organizations and was highly respected. "Until 1942 Roberts did most of the odd jobs on the farm himself. He could be seen running errands in his battered station wagon. He had a bad habit of straddling the middle of the narrow roads in Chester Springs."[89] He wore old farm clothes and enjoyed people assuming he was a labourer rather than Justice Roberts. He welcomed visiting Welsh people. After leaving the Court, Roberts made Bryncoed his permanent home, travelling in to nearby Philadelphia when necessary. Much later the residents of the nearby area named their public school district in Roberts' honour. He had been influential in the decision to build the local high school.

His funeral was a private affair with only a handful of close kin present (his wife Elsie, daughter Elizabeth and family, neighbours and friends). This was the way he wanted it. There were two members of the Supreme Court: Felix Frankfurter and Harold Burton.

A tribute in the *New York Times* said:

> Justice Roberts was a conscientious workman with complete intellectual integrity. In his full, broad life he attained the pinnacle of his profession and maintained always the respect and confidence of those with whom he worked and lived.[90]

---

[89] Saltzer, Judith, and Karen Hemighaus (now Oncay), *Owen J. Roberts: Our Namesake And Our Pride*, (1977).

[90] *New York Times*, May 18, 1955.

Fig. 5: Justice Owen Roberts in his study on his 63rd birthday
(Library of Congress Prints and Photographs)

Conclusion

Roberts is believed to have burned his papers relating to the Court shortly before his death.[91] He told a friend that he did not want his motives to be misinterpreted.

[91] This story is mentioned by multiple sources. However, in 2014 new details about Roberts' life became known thanks to his grandson discovering a trunk and boxes of newspaper clippings, photographs, notebooks, letters, etc. This collection is now archived in the care of Karen Oncay at the Owen Josephus Roberts High School, near Pottstown, Pennsylvania. I am deeply grateful to the school and to Karen for sharing her knowledge. Roberts was not alone in destroying his personal papers relating to the Court. Justice Edward Douglas White left no papers. Benjamin

Roberts learned to rely on his own changing view of the realities of American life and of the needs of the public. He started his judicial career as a conservative, became a liberal, and then, in later years on the Court, a conservative again, evolving while remaining true to himself. He was capable of bending with the times, of relinquishing his prejudices.

It is now widely accepted that Roberts' decisions during the court-packing controversy were consistent with his previous opinions.[92] In deciding each case based on his interpretation of what was in accord with the Constitution, he was consistent and honest.

According to one fellow jurist, Roberts' honesty led him, on occasion, to see more clearly – and hence to judge better – than colleagues of greater sophistication.[93]

For example, he could see clearly what the right decision was in *Korematsu*.

Roberts saved the Supreme Court of the United States from being dominated by the four conservative justices, who generally opposed FDR's New Deal legislation as unconstitutional. "His contribution, therefore, was of immense significance, and his importance as a justice during the 1930s can scarcely be exaggerated."[94]

> The emotional battle over the Court had ended with the best of all possible outcomes. It left the world's oldest and most adaptable democracy with a surer-footed but less tyrannical president, a more skeptical Congress and a vigorous and independent judiciary that took the American people's needs into account. The modern era of government, and of justice, had begun.[95]

Cardozo destroyed his. Many of Brandeis' personal papers were destroyed. Hugo Black, a skeptic of scholarly prying, ordered that his papers involving notes of conversations between the justices be burnt. "Operation Frustrate the Historians" Black's children called it.

[92] Chief Justice John Roberts, New York lecture, November 20, 2016.

[93] Pollak, Judge Louis, Owen Roberts Memorial Lecture, 1997

[94] John Knox, *The Forgotten Memoir of John Knox,* edited by Dennis Hutchinson and David Garrow, (Chicago, 2002). Knox was a law clerk to Justice McReynolds; cited by Solomon, Burt, op.cit., supra, p. 272. John Knox was a young Harvard law graduate and clerk to the conservative Justice McReynolds in 1937.

[95] Solomon, *FDR v. The Constitution: The Court-Packing Fight and the Triumph of Democracy*, p. 276

> The Court emerged larger in influence, if not numbers after the 1937 crisis.[96]
>
> By facing down a powerful president and defeating him, the Court not only preserved its own independence but also underscored and reinforced it, in the public's eye as well as its own.[97]

The so-called "Constitutional Revolution" of 1937 had an impact that reached far into the future. Roberts had done something big for the country. He found the way to serve his country with his integrity and his ideals intact.

Roberts was the agent through whom Hughes was able to protect the Court. Two distinguished public servants, idealists, men of the highest integrity, who together ensured the independence of the Supreme Court and showed the adaptability of the U.S. Constitution. A new era began with the Hughes-Roberts contribution.

> Owen J. Roberts contributed his good and honest share to that coral-reef fabric which is law. He was content to let history ascertain, if it would, what his share was. But only one who had the good fortune to work for years beside him, day by day, is enabled to say that no man ever served on the Supreme Court with more scrupulous regard for its moral demands than Mr. Justice Roberts.[98]
>
> Before he left for Washington, Roberts told friends that he intended to be his own man on the Court, that he would decide each case on the merits, with complete independence, and would refrain from identifying himself with either ideological faction.[99]

He had done exactly that.

---

[96] According to Supreme Court Justice Sandra Day O'Connor as quoted by Solomon, Burt, *FDR v. The Constitution: The Court-Packing Fight and the Triumph of Democracy*, p. 276.
[97] Maney, Patrick, historian, cited by Solomon, p. 274
[98] Frankfurter, Felix*, Mr. Justice Roberts*, (1955) 104 *University of Pennsylvania Law Review*, 311.
[99] Solomon, *FDR* v. *The Constitution: The Court-Packing Fight and the Triumph of Democracy*, p. 61.

Recent publications in books and journal articles show that a re-appraisal of the contribution of Justice Roberts is underway, a new trial as it were, to finally de-bunk the "switch in time" myth. The old approach deprived "Hughes and Roberts of a substantial measure of intellectual integrity and personal dignity". The new approach fits well with what an examination of their lives suggests, that they were sophisticated legal thinkers with lifetimes of experience, and they would not bow to political expedience but rather sought to do the best they could for the present and the future.

The Court survived this historic challenge and preserved its power and prestige, because of widespread popular support, aided by Hughes' public defence of the institution, and Roberts' swing vote that ended the so-called *Lochner* era in constitutional law and upheld FDR's legislation to address the country's changing needs.

Neither Hughes nor Roberts claimed to be Welsh, but both were proud of their Welsh heritage. Hughes was half Welsh, Roberts a quarter Welsh. Their lives exemplified many Welsh characteristics. The contribution of these two U.S. Supreme Court justices to American law can justly be described as fair, merciful, pragmatic, respectful, capable of change and bent on reconciliation between groups, all qualities that distinguish the old Welsh laws.

BIBLIOGRAPHY

Alsop, Joseph and Turner Catledge, *The 168 Days.* Garden City, New York: Doubleday, Doran & Co. 1938.

Baker, Leonard, *Back to Back: The Duel Between FDR and the Supreme Court.* New York: Macmillan. 1967.

Brands, H.W., *Traitor To His Class: The Privileged Life and Radical Presidency of Franklin Delano Roosevelt*. New York: Doubleday. 2008.

Carter, Edward L., and Edward E. Adam, *Justice Owen J. Roberts on 1937.* 15 Green Bag 2D 375, 2012

Corwin, Edward S., *Constitutional Revolution, Ltd.* Claremont, CA: Claremont Colleges. 1941.

Cushman, Barry, *The Hughes-Roberts Visit. 15 Green Bag 2D 125.* Notre Dame Law School Legal Studies Research Paper No.1338. 2012.

Cushman, Barry,. "The Jurisprudence of the Hughes Court: The Recent Literature", (2014) 89 *Notre Dame Law Rev.*,1929. Notre Dame Law School Legal Studies Research Paper No. 1423. Electronic copy: http://ssrn.com/abstract=2448802

Cushman, Barry, *Rethinking the New Deal Court: The Structure of a Constitutional Revolution.* New York: Oxford University Press, Inc. Paperback. 1998

Downey, Kirsten, *The Woman Behind the New Deal: the life of Frances Perkins, FDR's Secretary of Labor and His Moral Conscience.* New York: Nan Talese, Doubleday. 2009.

Flanagan, James F., "Five Justices and Why They Left the Court for 'Better Positions' ",(2016) 41 *Journal of Supreme Court History*, No. 1.

Frankfurter, Felix, "Mr. Justice Roberts: Owen J. Roberts in Memoriam", (1955) 104 *University of Pennsylvania Law Review*, Chapter 1.

Friedman, Richard D., "Switching Time and Other Thought Experiments: The Hughes Court and Constitutional Transformation", (1994) 142 *University of Pennsylvania Law Review* 1891, at 1939-53.

Gallagher, Hugh Gregory, *Nothing to Fear: FDR in Photographs.* Clearwater, Florida: Vandamere Press. 2001.

Goodwin, Doris Kearns, *No Ordinary Time: Franklin and Eleanor Roosevelt: The Home Front in World War II.* New York: Simon & Schuster. 1994.

Griswold, Erwin N., *Owen Roberts as a Judge*. (1955) 104 *University of Pennsylvania Law Review* 332

Hendel, Samuel, *Charles Evans Hughes and the Supreme Court,* New York: King's Crown. 1950.

Hughes, Charles Evans, "Hughes Papers." Hughes letter to Wheeler, the Library of Congress. (This letter also appears as Appendix C of the Adverse Report of the Senate Judiciary Committee on Bill S.1392, 75th Congress, 1st Session (Washington, D.C.: U.S. Government Printing Office, 1937.)

Jackson, Robert H., *That Man: An Insider's Portrait of Franklin D. Roosevelt.* Oxford: Oxford University Press. Edited and Introduced by John Q. Barrett. 2003.

Kennedy, David M., *Freedom From Fear: The American People In Depression and War, 1929-1945.* New York: Oxford University Press. 1999.

Knox, John, *The Forgotten Memoir of John Knox: A Year in the Life of a Supreme Court Clerk in FDR's Washington.* Chicago: The University of Chicago Press. 2002.

Lerner, Max, *Great Judges and Cases of the Supreme Court.* New York: Arcade Publishing. 1994.

Leuchtenberg, William E.,. *Franklin D. Roosevelt and the New Deal 1932–40.* New York: Harper & Row. 1963

Leuchtenberg, William E., 2005. *When Franklin Roosevelt Clashed with the Supreme Court and Lost*. See website, http://www.smithsonianmag.com/history/when-franklin-roosevelt-clashed-with-the-supreme-court-and-lost-78497994/?no-ist.

Pearson, Drew and Allen, Robert S., *The Nine Old Men.* New York: Doubleday, Doran & Company, Inc. 1936.

Pepper, George Wharton, *O.J.R – The Man.* (1955) 104 *University of Pennsylvania Law Review* Chapter 8.

Pollak, Louis, *Philadelphia Lawyer: A Cautionary Tale.* (1997) 145(3) *University of Pennsylvania Law Review.*

Posner, Richard A, *How Judges Think.* Harvard University Press. 2008.

Probert, Edwin N., II, *Owen Josephus Roberts: A Short Retrospective on a Favorite Son.* Owen J. Roberts, Class of 1891, Justice of the Supreme Court. This biographical sketch first appeared in the 1990-2002 issue of Germantown Academy's *The Patriot.*

Pusey, Merlo J., *Charles Evans Hughes*, Vol. 1. New York: The Macmillan Company. 1951.

Pusey, Merlo J., *Charles Evans Hughes*, Vol. 2. New York: The Macmillan Company. 1952.

Roberts, Owen, *The Court and the Constitution,* The Oliver Wendell Holmes Lectures, 1951.

Roosevelt, Eleanor, *The Autobiography of Eleanor Roosevelt.* Harper Perennial1961.

Rowley, Hazel, *Franklin and Eleanor: An Extraordinary Marriage*, New York: Picador, Farrar, Straus and Giroux. 2010.

Saltzer, Judith and Hemighaus, Karen, *Owen J. Roberts: Our Namesake And Our Pride*, Owen J. Roberts School District, 1977.

Scalia, Antonin, *A Matter of Interpretation: Federal Courts and the Law* (The University Center for Human Values Series). Princeton. Princeton University Press paperback. 1998.

Shesol, Jeff, *Supreme Power: Franklin Roosevelt vs. The Supreme Court*. New York: W.W. Norton. 2010.

Simon, James F. *FDR and Chief Justice Hughes: The President, the Supreme Court and the Epic Battle Over the New Deal*. New York: Simon & Schuster. 2012.

Solomon, Burt, *FDR v. The Constitution: The Court-Packing Fight and the Triumph of Democracy*. New York: Walker & Company. 2009.

Smith, Jean Edward, *FDR*. New York: Random House. 2007.

Srodes, James, *On Dupont Circle: Franklin and Eleanor Roosevelt and the Progressives Who Shaped Our World*. Berkeley: Counterpoint. 2012.

Stone, Geoffrey R., *Perilous Times: Free Speech in Wartime*, Norton. 2004.

Strum, Philippa, *Louis D. Brandeis: Justice for the People*. Cambridge, Mass.: Harvard University Press. 1984.

Tribe, Laurence H., *God Save This Honorable Court: How the Choice of Supreme Court Justices Shapes Our History*, New York: Random House. 1985.

Tribe, Laurence H., *American Constitutional Law*. New York: Foundation Press. Third edition. 2000,

Tribe, Laurence H., and Joshua Matx, *Uncertain Justice: The Roberts Court and The Constitution*. New York: Henry Holt and Company. 2014.

Urofsky, Melvin I., *Louis D. Brandeis and The Progressive Tradition*. New York: Little Brown & Co. 1981.

Urofsky, Melvin, *Louis D. Brandeis: A Life*. New York: Pantheon Books. 2009.

Ursin, Edmund, "How Great Judges Think: Posner, Friendly and Traynor on Judicial Lawmaking", (2009) 52 *Buffalo Law Rev*. 1267

Ward, Geoffrey, *Before the Trumpet: Young Franklin Roosevelt, 1882-1905.* New York: Harper & Row. 1963.

Werner, M.R. and John Starr, *The Teapot Dome Scandal: The Gigantic Swindle of the Twenties and How it was Exposed by a Remarkable Feat of Detection.* London: Cassell and Company. First UK edition. 1961.

Wheeler, Burton K., *Yankee from the West*. New York: Doubleday. 1962.